신나게 배우는 어린이 중국어

快乐学汉语 3

콰이러쉬에한위

교사용지도서

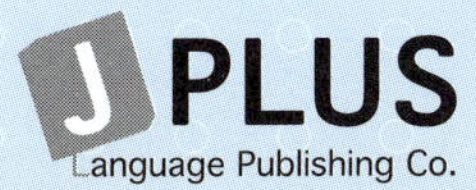

J PLUS
Language Publishing Co.

＊머리말＊

"활발한 수업을 만드는 살아 있는 지도서"

이 책은 중국의 한국학교 학생들을 가르치는 선생님들이 직접 만든 활동 중심의 지도서입니다. 중국 현지에서의 다양한 경험과 중국의 문화, 게임 등을 통하여 재미있고 활발한 중국어 수업을 이끌어갈 수 있도록 꾸민 것이 특징입니다.

재외 한국학교 및 국제학교에서 중국어를 가르치는 현직 선생님들의 경험과 성과가 축적된 자료입니다. 학생들을 지도하기가 쉬우며 내용 또한 알차게 꾸몄습니다.

- 매 차시의 도입 부분에서 [동기 부여]란을 두어 배울 내용과 관련된 여러 가지 활동을 함으로써 학생들이 재미있게 수업에 참여할 수 있도록 하였습니다.
- 매 과마다 [Tip]란을 두어 학생들의 수준에 따라 본 교재에서 다루지 않은 관련 내용들을 보충하여 설명할 수 있도록 하였습니다.

수업 경험이 없는 초보 교사들도 실제 수업에 바로 응용할 수 있습니다.

- 매 차시를 도입-전개-정리 부분으로 나누어 구성하여 한 시간을 적절히 배정하여 수업할 수 있도록 하였으며, 학생들의 과제 및 다음 차시의 준비까지도 걱정하지 않도록 하였습니다.

친구들과 즐기면서 익힐 수 있도록 꾸몄습니다.

- 매 과마다 아동들의 눈높이에 맞춘 개인 및 모둠 놀이를 배치하여 어려운 외국어라는 고정관념을 없애고 친구들과 함께 즐거운 마음으로 복습할 수 있도록 하였습니다.

각 과별 4차시로 나누어, 한 권을 한 학기 동안 공부할 수 있도록 구성하였습니다.

- 제1차시에 본문과 단어, 제2차시에 발음과 응용회화 연습, 제3차시에 활동을 통한 복습, 제4차시에 한자이해 및 노래 등을 배치하여 차근차근 이해하고 재미있게 공부할 수 있도록 하였습니다. (32차시)
- 1~4과와 5~8과가 끝난 후 평가시간을 두어 학습 성과를 확인할 수 있도록 하였습니다.
  말하기·듣기·읽기·쓰기 영역에서 골고루 출제하여 중국어 학습 능력을 더욱 향상시킬 것입니다. (2차시)

이 지도서는 교사의 수업에 도우미 역할을 하도록 꾸몄습니다. 수업을 하면서 얻게 되는 다른 더 좋은 아이디어나 지도 방법을 지도서의 내용과 병행하여 활용한다면 나만의 교수방법과 내 스타일의 수업방법이 생길 것입니다. 이 지도서가 교사와 학부모 모두에게 좋은 길잡이가 되기를 바랍니다.

저자 씀

✱이 책의 구성✱

각 과별 4차시로 구성하고 매 차시를 도입-전개-정리 부분으로 나누어 시간을 적절히 배정하고 효율적으로 지도할 수 있도록 하였습니다.

◀ 1차시

본문과 단어를 익히는 학습을 합니다. 본문은 먼저 CD를 들려 주고 따라 읽도록 합니다. 그리고 단어를 익힌 후 본문을 다시 복습합니다.

도입
- 동기 유발
- 학습 내용 확인하기

전개
- 이 단원에서 배울 내용 알아보기
- 본문
- 단어

정리
- 배운 내용 확인하기
- 과제 제시
- 다음 시간 학습 내용 알려 주기
- 교사의 다음 시간 준비

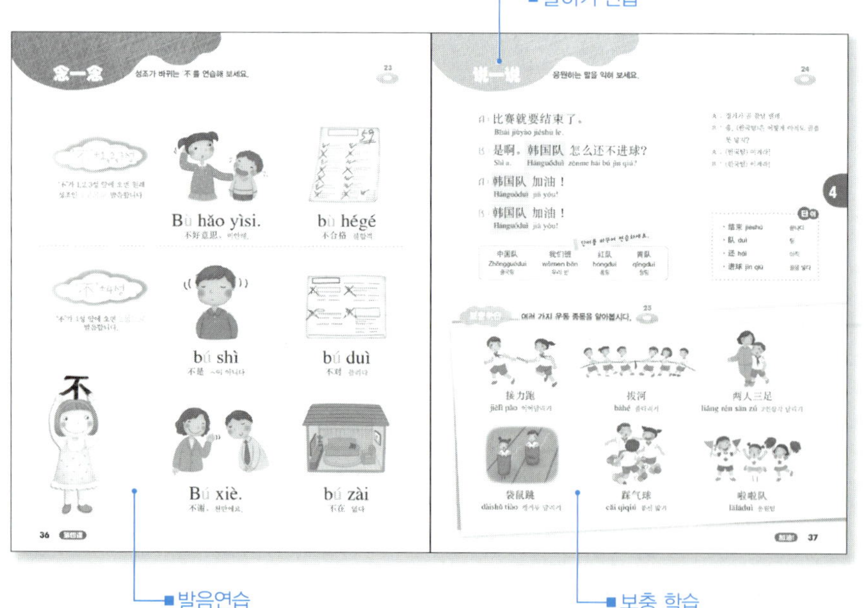

◀ 2차시

한어병음의 기본적인 발음을 연습하고, 본문 내용을 반복·확장하여 말하기 연습을 합니다. 보충 학습을 바탕으로 다양하게 바꾸어 대화할 수 있습니다.

도입
- 동기 유발
- 학습 내용 확인하기

전개
- 念一念
- 说一说 1
- 보충 학습
- 说一说 2

정리
- 배운 내용 확인하기
- 과제 제시
- 다음 시간 학습 내용 알려 주기
- 교사의 다음 시간 준비

■ **중간평가(1~4과)** 말하기·듣기·읽기·쓰기 영역 각 5문항 총 20문제
■ **기말평가(5~8과)** 말하기·듣기·읽기·쓰기 영역 각 5문항 총 20문제

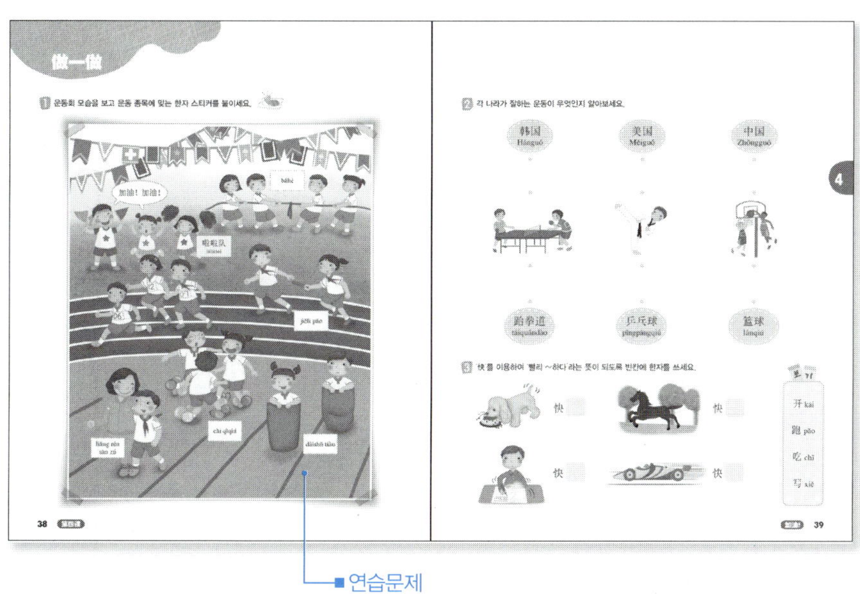

■ 연습문제

◀ **3차시**

앞에서 배운 내용들을 재미있는 활동을 통해 복습합니다. 그림 그리기, 스티커 붙이기, 선 잇기 등의 활동 외에도 **Tip;** 에서 소개하는 다양한 놀이로 학생들이 흥미를 갖고 학습할 수 있도록 하였습니다.

도입	■ 동기 유발
↓	■ 학습 내용 확인하기
전개	■ 做一做 1
	■ 做一做 2
↓	■ 做一做 3
정리	■ 과제 제시
	■ 다음 시간 학습 내용 알려 주기
	■ 교사의 다음 시간 준비

■ 재미있는 한자공부

■ 중국 현지생활 사정

■ 신나는 노래

◀ **4차시**

练一练에서는 한자에 익숙하지 않은 학생들이 한자에 쉽게 접근할 수 있도록 한자에 대한 이해를 돕는 활동을 합니다. 중국의 학교 문화를 알아보고, 중국 노래를 불러 봄으로써 학생들이 중국어를 재미있게 배울 수 있도록 하였습니다.

도입	■ 동기 유발
↓	■ 학습 내용 확인하기
전개	■ 练一练
	■ 看一看
↓	■ 唱一唱
정리	■ 과제 제시

✳ 차례 ✳

＊교실 수업용어＊

1. 수업 시작 인사

학생 立正!(坐正!)敬礼!
Lìzhèng!(Zuòzhèng!) Jìnglǐ!
차렷! 경례!

※ 반장만 일어나고 학생들이 앉아서 인사하는 경우라면
"坐正! Zuòzhèng!"을 씁니다.

학생 老师好!
Lǎoshī hǎo!
선생님, 안녕하세요!

선생님 大家(同学们/你们)好!
Dàjiā(Tóngxuémen/Nǐmen) hǎo!
모두들 안녕!(친구들 안녕!)

선생님 你们都好吗?
Nǐmen dōu hǎo ma?
여러분 모두 안녕?

학생 很好, 老师呢?
Hěn hǎo, lǎoshī ne?
예, 선생님은요?

선생님 我也很好。
Wǒ yě hěn hǎo.
나도 좋아요.

선생님 你们身体好吗?
Nǐmen shēntǐ hǎo ma?
여러분 몸은 괜찮아요?

선생님 大家周末过得好吗?
Dàjiā zhōumò guò de hǎo ma?
여러분 주말 잘 보냈어요?

학생 很好(开心)!
Hěn hǎo(kāixīn)!
잘 보냈어요!(즐거웠어요!)

선생님 今天天气很好吧?
Jīntiān tiānqì hěn hǎo ba?
오늘 날씨 좋지요?

2. 출석/수업 시작

선생님 同学们都来了吗?
Tóngxuémen dōu lái le ma?
친구들 모두 왔나요?

학생 都来了。 / 有几个人还没来。
Dōu lái le. / Yǒu jǐ ge rén hái méi lái.
모두 왔어요. / 몇 명이 아직 안 왔어요.

선생님 谁没来上课? / 他有什么事吗?
Shéi méi lái shàngkè?
/ Tā yǒu shénme shì ma?
누가 안 왔나요?
/ 그 학생 무슨 일 있나요?

선생님 希望大家注意身体(感冒)!
Xīwàng dàjiā zhùyì shēntǐ(gǎnmào)!
모두들 건강(감기) 조심해요!

교실 수업용어

선생님　好，现在开始上课。
Hǎo, xiànzài kāishǐ shàngkè.
자, 지금부터 수업 시작해요.

선생님　大家准备好了吗?
Dàjiā zhǔnbèi hǎo le ma?
모두들 준비됐나요?

학생　准备好了。
Zhǔnbèi hǎo le.
준비됐어요.

선생님　你们还记得上节课学过的内容吗?
Nǐmen hái jìde shàng jié kè xué guo de
nèiróng ma?
여러분 지난 시간에 배운 것 아직 기억하고
있어요?

학생　(不)记得。/ 想不起来了。
(Bú) jìde. / Xiǎng bu qǐlái le.
기억해요.(기억 못 해요.) / 생각 안 나요.

선생님　大家把作业都做好了吗?
/ 请把作业交给我。
Dàjiā bǎ zuòyè dōu zuò hǎo le ma?
/ Qǐng bǎ zuòyè jiāo gěi wǒ.
여러분, 숙제 다 했어요?
/ 숙제 내세요.

학생　做好了。/ 好(的)。
Zuò hǎo le. / Hǎo(de).
다 했어요. / 예.

선생님　请打开书, 翻到第〇页。
Qǐng dǎkāi shū, fān dào dì 〇 yè.
책을 펴세요, 〇쪽을 펴세요.

선생님　大家首先看看第一部分的内容,
自己想一想是什么情况。
Dàjiā shǒuxiān kàn kan dì yī bùfen de
nèiróng, zìjǐ xiǎng yi xiǎng shì shénme
qíngkuàng.
여러분 먼저 첫 번째 부분의 내용을 보고,
무슨 내용인지 한번 생각해 보세요.

선생님　大家注意听录音的内容。
Dàjiā zhùyì tīng lùyīn de nèiróng.
여러분, 녹음 내용을 주의 깊게 들어 보세요.

학생　好。
Hǎo.
예.

선생님　请再听一遍。/ 请再说一遍。
Qǐng zài tīng yí biàn.
/ Qǐng zài shuō yí biàn.
다시 한번 들어 보세요.
/ 다시 한번 말해 보세요.

선생님　大家先听一听, 请不要讲话。
Dàjiā xiān tīng yi tīng, qǐng bú yào
jiǎnghuà.
여러분, 먼저 한번 들어 보세요, 말하지 말고.

＊교 실 수 업 용 어＊

선생님   大家听得懂吗?
　　　 Dàjiā tīng de dǒng ma?
　　　 여러분, 알아듣겠어요? (이해가 돼요?)

학생   听得懂。/ 听不懂。
　　 Tīng de dǒng. / Tīng bu dǒng.
　　 알아듣겠어요. / 못 알아듣겠어요.

선생님   一边听录音, 一边大声跟着读。
　　　 Yìbiān tīng lùyīn, yìbiān dà shēng gēn zhe dú.
　　　 녹음을 들으면서 큰 소리로 따라 읽어 보세요.

선생님   请大家跟我读。
　　　 Qǐng dàjiā gēn wǒ dú.
　　　 여러분, 나를 따라서 읽어 보세요.

선생님   大家一起来读一读今天的课文。
　　　 Dàjiā yìqǐ lái dú yi dú jīntiān de kèwén.
　　　 여러분, 다 같이 오늘 본문을 한번 읽어 보세요.

선생님   ○○○，请站起来读一下课文。
　　　 ○○○，qǐng zhàn qǐlái dú yíxià kèwén.
　　　 ○○○，일어나서 본문을 한번 읽어 보세요.

선생님   请大家看黑板。
　　　 Qǐng dàjiā kàn hēibǎn.
　　　 여러분, 칠판을 보세요.

선생님   有没有问题?
　　　 Yǒu méiyǒu wèntí?
　　　 질문 있어요?

학생   有。/ 没有。
　　 Yǒu. / Méiyǒu.
　　 있어요. / 없어요.

선생님   请举手。
　　　 Qǐng jǔshǒu.
　　　 손을 들어 보세요.

선생님   有问题的学生请举手。
　　　 Yǒu wèntí de xuésheng qǐng jǔshǒu.
　　　 질문 있는 학생은 손을 드세요.

4. 마무리 인사

선생님   时间到了。
　　　 Shíjiān dào le.
　　　 시간이 다 되었어요.

선생님   今天我们学到这儿。
　　　 Jīntiān wǒmen xué dào zhèr.
　　　 오늘은 여기까지 배워요.

선생님   请预习新课。
　　　 Qǐng yùxí xīn kè.
　　　 새 과를 예습하세요.

교실 수업용어

선생님 回家以后好好儿复习，好不好?
Huíjiā yǐhòu hǎohaōr fùxí, hǎo bu hǎo?
집에 가서 복습 잘 하세요, 알았죠?

학생 好!
Hǎo!
예!

선생님 下课!
Xiàkè!
수업 끝!

선생님 大家辛苦了!
Dàjiā xīnkǔ le!
모두들 수고했어요!

선생님 再见。/ 下次再见。
Zàijiàn. / Xiàcì zàijiàn.
안녕. / 다음에 봐요.
학생 再见。/ 下次再见。
Zàijiàn. / Xiàcì zàijiàn.
안녕히 계세요. / 다음에 봐요.

선생님 周末愉快!
Zhōumò yúkuài!
주말 즐겁게 보내세요!
학생 周末愉快!
Zhōumò yúkuài!
주말 즐겁게 보내세요!

5. 기타(칭찬/격려)

선생님 你的发音很标准。/ 读(说)得很好!
Nǐ de fāyīn hěn biāozhǔn.
/ Dú(shuō) de hěn hǎo!
발음이 아주 정확해요.
/ 잘 읽었어요!(잘 말했어요!)
학생 哪里哪里。/ 谢谢。
Nǎli nǎli. / Xièxie.
아니에요. / 고맙습니다.

선생님 请不要睡觉! / 请安静一下!
/ 请不要说话!
Qǐng búyào shuìjiào!
/ Qǐng ānjìng yíxià!
/ Qǐng búyào shuōhuà!
졸지 마세요! / 조용히 하세요!
/ 얘기하지 마세요!

1 生日快乐!

생일 축하해!

단원 특성 이 단원에서는 생일과 관련된 어휘와 생일 축하 표현을 익힌다. 같은 음절이 반복될 때 뒤에 나오는 음절을 경성으로 처리 하는 것을 배운다.

차시	학습 내용
1차시	본문을 통해 생일이 언제인지 묻는 표현과 생일 축하 표현을 익히도록 한다. 그리고 본문 문장에 나온 단어의 뜻과 읽고 쓰는 법을 알게 한다.
2차시	같은 음절이 반복될 때 뒤에 나오는 음절을 경성으로 소리 내는 연습을 한다. 또한 생일과 관계있는 단어를 넣어 생일을 축하하는 말을 익히는 연습을 한다.
3차시	생일 파티에 필요한 물건을 나타내는 표현과 생일 초대장 및 생일을 제목으로 한 일기를 써 보게 한다.
4차시	축하와 격려의 뜻을 나타내는 여러 가지 표현을 익히고 중국 학교 학제를 살펴본다. 그리고 노래를 통해 생일 축하 표현을 익히게 한다.

第一课　生日快乐!

학습목표
- 본문의 표현을 알아듣고 말할 수 있다.
- 본문 문장에 나온 단어의 뜻을 알고, 읽고 쓸 수 있다.

도입

■ **동기 유발**

❶ '생일날' 하면 떠오르는 물건이나 말을 생각해 보도록 한다.

　예 케이크, 축하카드, 초, 풍선, 선물, 생일파티, 생일 축하노래 등

❷ 지난 번 생일에 어떤 일을 하였는지 말해 보도록 한다.

　예 아빠가 선물해 주신 곰인형을 안고, 엄마가 만들어 주신 케이크를 먹었다.

■ **학습 내용 확인하기**

● 생일 축하 표현을 배운다.

● 본문에 나오는 새 단어를 익힌다.

전개

■ **이 단원에서 배울 내용 알아보기**

❶ 그림을 보고 이 단원에서 배울 내용이 무엇인지 살펴보도록 한다.

　교사 10쪽 그림에서 딩딩과 동동은 무엇에 대해 이야기를 나누고 있나요?

　학생 동동의 생일입니다.

　교사 11쪽 그림을 보고 동동의 몇 번째 생일인지 말해 봅시다.

　학생 열 번째 생일입니다.

　교사 이 단원에서 배울 내용은 생일 축하 표현입니다.

■ **본문**

❶ CD를 두 번 들려 준다. (CD-01)

❷ 본문의 내용을 이해했는지 살펴본다.

교사 ▷ 동동의 생일은 언제인가요?

학생 ▷ 내일입니다.

교사 ▷ 동동이 딩딩한테 생일날 무엇을 하자고 말했나요?

학생 ▷ 집에 와서 놀자고 했습니다.

교사 ▷ '생일 축하합니다'를 중국어로 말해 볼까요?

학생 ▷ 祝你生日快乐!

교사 ▷ 생일 축하한다는 말을 듣고 동동은 어떻게 대답하였는지 중국어로 말해 봅시다.

학생 ▷ 谢谢!

❸ 본문의 중요 표현을 살펴본다.

교사 ▷ '내일이 네 생일이니?'를 중국어로 어떻게 말할까요?

학생 ▷ 明天是你的生日吗?

교사 ▷ '우리 집에 와서 같이 놀자.'를 중국어로 어떻게 말할까요?

학생 ▷ 请你来我家玩儿。

교사 ▷ '생일 축하해!'를 중국어로 어떻게 말할까요?

학생 ▷ 祝你生日快乐!

교사 ▷ '祝你生日快乐!'의 대답은 어떻게 할까요?

학생 ▷ 谢谢!

유의 • 혹시 친구의 생일을 알고 묻는 경우(생일이 그 날인지 확인하는 경우)에는 '明天是你的生日吧?(내일이 네 생일이지?)'처럼 '吧(ba)'를 써서 묻는 방법을 알려 준다.

• '우리 집에 와서 놀자.'라는 표현을 쓸 때는 '请你'를 생략하고 '来我家玩儿吧。'라고 할 수도 있음을 알려 준다. (이때의 '吧'는 권유를 나타내는 '～하자!'라고 해석하면 된다.)

❹ CD를 다시 들으며 본문의 내용을 익히도록 한다. (CD-01)

> • 먼저 교사가 딩딩 역할을, 학생이 동동 역할을 맡아 연습한다.
> • 전체 학생을 두 모둠으로 나누어(남·여, 짝꿍 등으로 다양하게 나누기) 묻고 답한다.
> • 잘하는 학생 몇 명을 뽑아 딩딩 역할(혹은 동동 역할)을 하게 하고 나머지 학생들이 다른 역할을 맡게 한다.
> • 교사가 학생들과 일대일로 역할을 나누어 말해 본다.

■ 단어

❶ CD를 들으며 따라 읽고 단어를 눈으로 익히도록 한다. (CD-2)

❷ 단어의 한자와 병음을 써서 보여 준다.

> • 칠판에 병음을 쓸 수 있도록 네 줄을 그린 뒤 한어병음과 성조를 줄에 맞추어 쓰고, 바로 아래에 해당 한자를 바르게 쓴다.

• 한자를 쓸 때는 정자로 순서를 강조하며 써서 보여 주고, 따라 쓰게 한다.

 • '快'의 '忄' 부분을 쓸 때는 왼쪽 점을 먼저 쓰고, 그 다음에 오른쪽 점을, 가운데 세로획은 가장 나중에 써야 함을 강조한다.

快 ｜ ｜ 快 忄 忄 快 快

• '乐'의 첫 번째 획은 '삐침(丿)' 획이다. 위에서 아래로 비스듬히 삐쳐야 한다. 그냥 가로획(一)처럼 옆으로 쓰는 학생들이 있을 수 있으므로 주의를 시키도록 한다.

乐 乐 乐 乐 乐 乐

• '乐'는 '东(dōng)'과 모양이 비슷하므로 비교해서 써서 보여 준다.

乐　东

❸ 단어의 쓰임을 알아본다.

• '快乐'가 자주 쓰이는 표현을 몇 개 더 알려 주어 학생들이 자유롭게 쓸 수 있도록 한다.

新年快乐	xīnnián kuàilè	새해 즐겁게 보내세요
中秋节快乐	Zhōngqiūjié kuàilè	추석 즐겁게 보내세요
圣诞快乐	shèngdàn kuàilè	메리크리스
周末快乐	zhōumò kuàilè	주말 잘 보내세요

• '乐'는 우리나라 한자음처럼(쾌락, 음악, 요산요수) 중국어에서도 발음이 세 가지로 나는데, 그 가운데에서 자주 쓰이는 두 가지 발음을 단어와 함께 알려 준다.

예 快乐[kuàilè]　音乐[yīnyuè]

• '请'은 문장 앞이나 동사 앞에 쓰여 겸손한 표현을 나타냄을 알려 준다.

请进	qǐng jìn	들어오세요
请坐	qǐng zuò	앉으세요
请用	qǐng yòng	드세요
请说	qǐng shuō	말씀하세요
请举手	qǐng jǔ shǒu	손을 드세요

❹ CD를 다시 한 번 듣고 따라 읽도록 한다. (CD-2)

정리 ■ **배운 내용 확인하기**

● 본문 네 문장을 해석과 함께 천천히 반복하여 읽어 주거나 교사가 우리말로 하면

학생들이 중국어로, 교사가 중국어로 말하면 학생들이 우리말로 표현하도록 한다.

- 본문에서 가장 중요한 문장을 하나 골라 묻고 대답하도록 한다.

  교사 ▶ 생일을 축하하는 말을 중국어로 말해 볼까요?

  학생 ▶ 祝你生日快乐!

■ 과제 제시

- 오늘 배운 단어의 병음과 한자를 각각 다섯 번씩 쓰기
- 배운 내용을 묻고 대답하는 표현 익혀 오기

■ 다음 시간 학습 내용 알려 주기

- 경성(같은 음절이 반복될 때 뒤에 나오는 음절을 경성 처리)에 대해 배운다.
- 생일을 축하하는 말을 배운다.

■ 교사의 다음 시간 준비

- 생일파티 때 쓰는 고깔모자 1개

第一课 生日快乐!

학습목표
- 경성(같은 음절이 반복될 때 뒤에 나오는 음절을 경성 처리)을 이해할 수 있다.
- 생일을 축하하는 말을 배운다.

도입 ┈┈┈┈ ■ **동기 유발**

① 놀이를 통해서 생일축하 표현을 익혀 보도록 한다. 먼저 교사가 ○○에게 고깔모자를 씌워 주며 오늘은 ○○의 생일이라고 말한다.

> 교사 ▷ 今天是○○的生日。

② 그 학생을 제외한 다른 친구들이 축하한다고 중국어로 말한다.

> 학생 ▷ 祝你生日快乐!

③ ○○이 □□에게 고깔모자를 씌워 주며 '今天是□□的生日。'라고 말하면 다른 친구들이 다 함께 '祝你生日快乐!'라고 말한다.

④ 이와 같은 방법으로 전체 학생들이 생일 축하 표현을 다시 한 번 더 익히도록 한다.

■ **학습 내용 확인하기**

- 경성(같은 음절이 반복될 때 뒤에 나오는 음절을 경성 처리)을 배운다.
- 생일을 축하하는 말을 배운다.

전개 ┈┈┈┈ ■ **念一念**

① 아래 글자를 제시하고 교사가 한 번 큰 소리로 읽어 준 뒤 묻고 대답하며 공통점을 찾아 보게 한다.

> 谢谢 / 爸爸 / 妈妈

> 교사 ▷ 이 글자의 공통점은 무엇일까요?

> 학생 ▷ 같은 음절이 반복되는 글자입니다.

> 교사 ▷ 같은 음절이 반복될 때 뒤의 글자는 어떻게 발음해야 할까요?

> 학생 ▷ 짧고 가볍게 발음합니다.

❷ CD를 들려 주고, 학생들에게 들은 대로 발음해 보도록 한다. (CD-03)

❸ 같은 음절이 반복될 때 뒤에 나오는 음절을 경성으로 발음하는 것을 설명한다.

Tip; ○─ 경성이란?

중국어의 각 음절은 원칙적으로 모두 성조를 갖고 있지만 때때로 본래의 성조를 잃고 짧고 가볍게 발음되는 것이 있다. 이러한 음절을 '경성'이라고 한다. 경성의 높이는 일정하게 정해진 것이 아니고 앞 음절의 성조에 따라 조금씩 달라진다. 경성은 일반적으로 성조 부호를 표시하지 않는다.

■ 说一说 1

❶ CD를 두 번 들려 준 뒤, 교사가 하는 말이 본문의 내용과 같으면 학생들이 두 팔로 크게 ○를 그리며 '对', 그렇지 않으면 두 팔로 크게 ×를 그리며 '不对'라고 대답하도록 한다. (CD-04)

> 교사 ▷ 今天是我的生日。

> 학생 ▷ (두 팔로 크게 ×를 그리며) 不对。

> 교사 ▷ 祝你生日快乐!

> 학생 ▷ (두 팔로 크게 ○를 그리며) 对。

> 교사 ▷ 欢迎你来我家玩儿。

> 학생 ▷ (두 팔로 크게 ○를 그리며) 对。

❷ CD를 들을 때 일시정지 기능을 이용하여 한 문장씩 따라 읽도록 한다. (CD-04)

❸ 학생들이 어려워하는 세 번째 문장은 정확하게 읽도록 지도한다.

> 유의 처음에는 먼저 '欢迎 / 你来 / 我家 / 玩儿'로 끊어 읽어서 학생들이 정확하게 발음할 수 있도록 한다. '你来'의 '你'와 '我家'의 '我'는 반3성으로 읽는다. '玩儿'을 발음할 때는 한어병음의 'n'은 소리 내지 않음을 강조한다.

❹ 다양한 방법으로 말하기 연습을 한다.

- 먼저 교사와 학생들이 역할을 맡아 말하기 연습을 하면서 성조나 발음이 잘못된 곳이 있으면 알려 준다.
- 학생 한 명이 A 역할, 나머지 학생이 B 역할로 나누어 말하게 한다.
- 학생들이 자유롭게 다니면서 친구들과 배운 내용을 중국어로 말하게 한다.

■ **보충 학습**

❶ CD를 한 번 듣고 교사가 읽은 뒤 학생들이 따라 읽도록 한다. (CD-05)

❷ 생일과 관련 있는 단어에 대해 설명한다.

> • '生日卡'는 '生日卡片[piàn]'으로도 쓸 수 있음을 말해 준다.
> • '派对'는 영어 'party'의 발음을 그대로 따온 단어임을 알려 준다.

Tip; 우리와 다른 생일 모습

- 중국에서는 생일 초의 모양이 숫자로 된 것을 많이 사용한다. 예를 들어 열두 번째 생일이라면 '1'과 '2' 모양의 초를 나란히 케이크에 꽂는다.
- 중국에서는 생일 케이크를 담는 포장 상자로 스티로폼으로 만든 둥근 상자를 사용하기도 한다.
- 중국에서는 돌잔치는 거의 없고 보통 열 번째 생일을 중요하게 여겨 호텔 식당이나 규모가 큰 음식점에서 가족이나 친척 친구를 초대해서 파티를 한다.

Tip; 놀이

▶ 준비 : 보충 학습에 나오는 단어와 첫 번째 발음이 같거나 비슷한 단어 여러 개

蛋饼	dànbǐng	달걀부침개	派出所	pàichūsuǒ	파출소
拉面	lāmiàn	라면	汽车	qìchē	자동차
辣椒	làjiāo	고추	生病	shēng bìng	병이 나다
起床	qǐ chuáng	일어나다	圣诞节	shēngdànjié	성탄절
里面	lǐmiàn	안	生气	shēng qì	화가 나다

① 교사가 생일과 관계있는 단어를 말하면 학생들이 손뼉을 치고, 관계없는 단어를 말하면 학생들이 손뼉을 치지 않도록 한다.

> **유의** • 교사가 말하는 생일 관련 단어의 경우 그 단어의 음절 수에 맞게 손뼉을 치게 할 수도 있다. 예를 들어 '派对'라고 말한다면 학생들은 손뼉을 두 번 친다.
> • 첫 번째 발음을 할 때 약간 길게 끌면 학생들이 주의를 더욱 기울일 수 있다.

② 틀린 학생이 있을 경우 그 학생을 빼고 다시 시작하고, 마지막에 남은 학생이 이기는 것으로 한다.

③ 놀이가 다 끝나면 교사가 준비한 위의 단어들을 간단하게 설명해 준다.

■ **说一说 2**

❶ 교사가 A 역할을 맡아 물어 보면 전체 학생이 B 역할을 맡아 대답하도록 한다.

❷ 교사가 학생 이름 하나를 말하며 A 역할을 하면, 그 이름의 학생이 B를 맡아 대답하도록 한다.

> 교사 ○○, 明天是我的生日。

학생1 祝你生日快乐!

교사 欢迎你来我家玩儿。

학생1 好的。

❸ 끝나면 그 학생이 다시 다른 학생의 이름을 말하며 A 역할을 하고, 이름이 불린 학생이 B 역할을 하여 대답하도록 한다. 같은 방식으로 전체 학생이 한 번씩 해 보도록 한다.

학생1 △△, 明天是我的生日。

학생2 祝你生日快乐!

학생1 欢迎你来我家玩儿。

학생2 好的。

❹ CD를 다시 한 번 들으며 따라 읽도록 한다. (CD-04)

정리

■ **배운 내용 확인하기**

● 오늘 배운 경성이 들어간 단어를 발음해 본다.

● 说一说의 네 문장을 해석과 함께 천천히 반복하여 읽어 주거나, 교사가 우리말로 말하면 학생들이 중국어로 표현하도록 유도한다.

■ **과제 제시**

● 念一念에 나오는 단어 각각 세 번씩 읽으며 쓰기(한자와 병음 모두)

● 말하기 부분 외워 오기

● 생일과 관계있는 단어 세 번씩 쓰기

■ **다음 시간 학습 내용 알려 주기**

● 생일 파티에 필요한 것을 스티커로 붙이는 활동을 한다.

● 생일 초대장을 만들고 생일을 제목으로 일기를 쓴다.

■ **교사의 다음 시간 준비**

● 생일 초대장 만들기 : 도화지 또는 마분지, 사인펜 또는 색연필, 가위, 색도화지, 색종이, 스티커

第一课　**生日快乐!**

 **학습목표**
⊙ 생일과 관계있는 단어를 말할 수 있다.
⊙ 생일 초대장을 만들고 생일을 제목으로 한 일기를 쓸 수 있다.

도입

■ 동기 유발

❶ 전체 학생을 몇 개의 모둠으로 나누어 앉게 한다.

❷ 교사가 다섯 개의 단어를 말하면 그것을 듣고 연상되는 단어를 학생들이 맞추도록 한다.

> **예시문제**
>
> - 书包[shūbāo], 同学们[tóngxuémen], 时间表[shíjiānbiǎo], 老师, 学生 → 学校
> - 西瓜[xīguā], 海边[hǎibian], 游泳[yóuyǒng], 冰淇淋[bīngqílín], 很热[hěn rè] → 夏天
> - 炸酱面[zhájiàngmiàn], 乒乓球[pīngpāngqiú], 万里长城[Wànlǐchángchéng], 北京[Běijīng], 汉语[Hànyǔ] → 中国
> - 很高, 很大, 很快, 很贵, 去美国 → 飞机
> - 礼物, 气球, 蜡烛, 蛋糕, 生日卡 → 生日

❸ 첫 번째 단어에서 맞추면 50점, 그 다음은 40점, 30점, 20점, 10점으로 한다.

❹ 다 끝나면 생일과 관련이 있는 단어를 교사가 크게 읽고 학생들이 따라 읽도록 한다.

　　유의　각 단계의 기회는 한 모둠에 한 번으로 제한한다.

■ 학습 내용 확인하기

● 생일과 관계있는 단어를 알아본다.

● 생일 초대장을 만들고 생일을 제목으로 일기를 쓴다.

■ 做一做 1

① 생일 파티에 필요한 물건 알기

> [교사] 그림을 보고 생일 파티에 필요한 물건을 말해 볼까요?
>
> [학생] 气球, 礼物, 生日卡, 蛋糕, 蜡烛

② 생일 파티에 필요한 물건의 이름을 교사가 먼저 읽고 학생들이 큰 소리로 읽도록 한다.

③ 생일 파티에 필요한 물건이 적힌 곳에 그림 스티커를 붙이도록 한다.

④ 그림 스티커를 붙인 뒤 교사가 우리말로 말하면 학생들은 중국어로, 교사가 중국말로 말하면 학생들은 우리말로 대답하도록 한다.

[교사] 풍선		[학생] 气球	
[교사] 선물		[학생] 礼物	
[교사] 生日卡		[학생] 생일카드	
[교사] 케이크		[학생] 蛋糕	
[교사] 초		[학생] 蜡烛	

■ 做一做 2

① 초대장 형식과 내용 알아보기

> [교사] 밑줄 친 곳에 들어갈 내용은 무엇일까요?
>
> [학생] 초대하고 싶은 사람, 나의 생일, 만나는 시각, 초대장 보내는 날짜, 초대하는 사람
>
> [교사] 초대장 내용을 읽고 우리말로 말해 봅시다.
>
> [학생] ○○에게, ○월 ○일은 나의 생일이야. ○시에 우리 집에서 같이 놀자. ○년 ○월 ○일. ○○가.

② 생일 초대장 만들기

> • 준비물 : 도화지 또는 마분지, 사인펜, 색연필, 가위, 색도화지, 색종이, 스티커
>
> • 색도화지 또는 마분지를 세로로 반쯤 접은 후 안쪽의 왼쪽에는 초대장(중국어로는 **邀请卡** [yāoqǐngkǎ])이라고 글씨를 쓰고 아래에는 장소와 간단한 약도를 그려 넣도록 한다.
>
> • 오른쪽에는 14쪽 내용이나 아래 글을 참고로 생일에 초대하는 글을 쓰도록 한다.
>
> • 겉장에는 생일 케이크 모양을 만들고 색칠하기, 스티커 붙이기 등으로 예쁘게 꾸미도록 한다.

○○○ :

　　___月___日星期___是我的生日。虽然我们经常吵架，但一直都是好朋友，对吧？所以，一定要来我的生日派对哦！

　　　　　　　　你的朋友：△△△
　　　　　　　　___年___月___日

○○○에게,

　　___월 ___일 ___요일은 내 생일이야. 우리가 비록 자주 싸우지만 그래도 (줄곧) 좋은 친구지? 그러니까 내 생일에 꼭 와 줘!

　　　　　　　　너의 친구, △△△
　　　　　　　　___년 ___월 ___일

○○○ :

　　___月___日___点，我在______开个生日派对，派对里会有很好吃的东西和精彩的游戏。你一定要来参加哦！

　　　　　　　　你的朋友：△△△
　　　　　　　　___年___月___日

○○○에게,

　　___월 ___일 ___시에 ______에서 내 생일 파티를 하려고 해. 생일 파티에는 맛있는 음식과 재미있는 놀이가 많이 준비되어 있어. 꼭 와야 돼!

　　　　　　　　너의 친구, △△△
　　　　　　　　___년 ___월 ___일

同学们 :

　　你们好？过几天是我的生日，希望你们可以参加我的生日派对，能和我一起好好过。

时间：___月___日___点

地点：______

　　　　　　　　你的朋友：△△△
　　　　　　　　___年___月___日

친구들에게,

　　안녕, 얘들아! 며칠 있으면 내 생일이야. 내 생일 파티에 와서 같이 즐겁게 보냈으면 좋겠어.

시간 : __월 __일 __시

장소 : ______

　　　　　　　　너의 친구, △△△
　　　　　　　　___년 __월 __일

■ 做一做 3

❶ [보기]의 단어를 교사가 중국어로 말하고, 학생들은 우리말로 하도록 한다.

교사	학생
蛋糕	케이크
礼物	선물
祝你生日快乐	생일 축하해
生日	생일
谢谢	고마워
真	정말

❷ 빈칸에 알맞은 단어를 [보기]에서 찾아 쓰도록 한다.

❸ 일기를 완성하고 중국어로 한 문장씩 읽고 우리말로 발표해 보도록 한다.

내 생일

오늘은 ○월 ○일 내 생일이다. 아빠는 큰 선물을 사 주셨고, 엄마는 케이크를 사 주셨다. 엄마, 아빠는 나한테 "생일 축하해!"라고 말씀하셨고 나는 "고마워요"라고 대답했다. 오늘은 참 즐거웠다.

정리

■ **과제 제시**

● 수업 시간에 만들었던 생일 초대장과 다른 생일 초대장 1장 만들어 오기

■ **다음 시간 학습 내용 알려 주기**

● 축하와 격려의 말을 익힌다.

● 중국 학교 문화(중국의 학제)를 알아보고, 생일축하 노래 '生日歌'를 부른다.

■ **교사의 다음 시간 준비**

● 'Happy birthday to you' 노래에 맞춘 중국 생일축하 노래
(중국 인터넷 사이트 www.baidu.com 등에서 '生日歌(少年歌曲)'를 검색어로 쳐서 나오는 노래로 준비)

第一课　生日快乐!

학습목표

⊙ 격려와 축하의 말을 할 수 있다.
⊙ 노래를 통해 생일축하 표현을 할 수 있다.

도입 ■ 동기 유발

❶ 내가 만든 '생일 초대장' 자랑하기

> • 과제로 내 준 생일 초대장을 칠판에 붙인다.
> • 학생들에게 스티커를 하나씩 나누어 준 뒤 가장 잘 만들었다고 생각하는 초대장에 붙이도록 한다.
> • 스티커가 가장 많이 붙은 학생이 나와서 초대장 내용을 발표하도록 한다.

❷ '我的生日'를 주제로 쓴 일기 발표하기

> • 지난 시간에 쓴 일기를 발표하게 한 뒤, 교사가 전체 학생들에게 그 일기에 나오는 생일 날짜를 묻고 대답하도록 한다.

교사▶ ○○的生日是几月几日?

학생▶ ○○的生日是○月○日。

유의 전체 학생을 다 하게 할 경우 동기 유발 단계에서 지나치게 많은 시간이 걸릴 수 있으므로 몇몇 학생들을 발표하게 한다.

■ 학습 내용 확인하기

● 격려와 축하의 말을 배운다.

● 노래를 통해 생일축하 표현을 말한다.

전개 ■ 练一练

❶ 각 그림을 보며 축하와 격려의 말을 익히도록 한다.

교사 ▷ 교과서 그림의 장면을 발표해 볼까요?

학생 ▷ 엄마가 등산하는 그림입니다. 아빠가 승진해서 동료들한테서 축하의 말을 듣고 있습니다.
딩딩이 열심히 공부해서 상장을 받았습니다. 동동이 생일날 기뻐하는 그림입니다.

❷ [보기]에 있는 단어를 교사가 읽어 주고 그 뜻을 한 번 말해 준 뒤, 교사가 중국어로 말하면
전체 학생들이 우리말로 말하도록 한다.

교사 ▷ 学习 　　　　　학생 ▷ 공부하다, 배우다

교사 ▷ 身体 　　　　　학생 ▷ 몸, 신체

교사 ▷ 生日 　　　　　학생 ▷ 생일

교사 ▷ 工作 　　　　　학생 ▷ 직업, 일하다

❸ 한어병음을 보고 빈칸에 알맞은 글자를 쓰게 한 뒤 한 문장씩 읽고 뜻을 알게 한다.

❹ 문장 첫머리에 쓰이는 '祝'에 대해 설명한다.

> • 祝[zhù]는 '기원하다, 축복하다'의 뜻으로, 상대방이 어떻게 되었으면 좋겠다는 표현으로
> 쓰인다.　예 祝你成功[chénggōng]! 성공하기를 기원합니다.

■ 看一看

❶ 학생들이 큰 소리로 읽도록 한다.

❷ [우리나라와 중국의 학제 비교] 자료로 부가적인 설명과 함께 학생들의 이해를 돕도록
한다.

구분		우리나라	중국
초등학교	小学	6년	6년 (상하이 : 5년)
중학교	初中	3년	3년 (상하이 : 4년)
고등학교	高中	3년	3년
대학교	大学	4년	3년

■ 唱一唱

❶ 우리말과 영어로 된 생일 축하노래를 먼저 불러 본다.

> 생일 축하합니다! 　　　　　Happy birthday to you!
> 생일 축하합니다! 　　　　　Happy birthday to you!
> 사랑하는 ○○○, 　　　　　Happy birthday ○○○,
> 생일 축하합니다! 　　　　　Happy birthday to you!

❷ CD로 '生日歌' 노래를 먼저 두 번 들어 본다. (CD-06)

❸ 교사가 다시 한 번 불러 주는데, '丁丁' 대신에 다른 학생의 이름을 넣어 불러 본다.

❹ 몇몇 학생의 이름을 넣어 다 같이 불러 보도록 한다.

❺ 'Happy Birthday To You' 노래에 맞추어진 중국 생일축하 노래도 있음을 알려 주고 인터넷에서 찾아 들려 준 뒤 다 같이 불러 본다.

정리 ┈┈ ■ **과제 제시**

- 본문 네 문장 외우기
- 워크북 1과 풀이해 오기

Tip; 생일 통계

▶ 준비물 : 월별로 공란이 있는 표(칠판에 붙여 사용할 정도의 크기), 칠판에 붙일 수 있는 자석(색깔 자석 등)

달(月)	1	2	3	4	5	…
생일이 있는 학생						…

① 우리 반 학생들의 생일이 언제 많이 있는지 통계를 내 본다.

② 월별로 생일이 있는 학생들을 앞으로 나오게 하여 칠판에 붙여 놓은 표의 해당 달에 자석을 붙이도록 한다.

③ 12월까지 다 한 뒤에 교사가 중국어로 묻고 학생들이 중국어로 대답하도록 한다.

교사> 生日在一月的同学有几个?

학생> 有〇个。

교사> 二月过生日的同学有几个?　　※过 guò : (시간을) 보내다

학생> 有〇个。

……

교사> 哪个月出生的同学最多?　　※出生 chūshēng : 태어나다

학생> 〇月。

교사> 生日在春天的同学有几个?

학생> 有〇个。

교사> 哪个季节出生的同学最多?

〇〇。

④ 마지막으로 교사가 중국어로 모두의 생일을 축하하고 정리한다.

祝同学们生日快乐！

유의 교사가 묻는 말을 못 알아듣는 학생이 많을 경우에는 개별 단어를 우리말로 풀이해 주고, 다시 한 번 천천히 질문하여 대답을 유도한다.

祝你生日快乐！
HAPPY BIRTHDAY

2 长大你想当什么?

넌 크면 뭐가 되고 싶니?

단원 특성

이 단원에서는 장래 희망을 말하는 표현을 익힌다. 접미사나 문법적인 어휘가 경성으로 소리 나는 것을 배우고, 여러 가지 직업과 관련된 어휘에 대해 학습한다.

차시	학습 내용
1차시	본문을 통해 장래 희망과 부모님의 직업에 대해 묻고 답하는 표현을 익히도록 한다. 그리고 본문 문장에 나온 단어의 뜻과 읽고 쓰는 법을 알게 한다.
2차시	접미사 또는 문법적인 어휘 등을 경성으로 정확하게 발음할 수 있도록 한다. 그리고 직업과 관련된 어휘를 다양하게 바꾸어 넣어가며 말하기 연습을 한다.
3차시	스티커 붙이기 활동을 통해 가족의 직업과 일하는 곳을 말하는 방법을 알게 한다. 그리고 직업과 관련된 연습문제를 풀어 보고 친구들과 장래 희망 말하기 놀이를 해 본다.
4차시	직업과 관련된 여러 동사를 익히고 중국 학교의 주요 과목을 살펴본다. 그리고 노래를 통해 장래 희망을 말하는 표현을 익히도록 한다.

第二课　长大你想当什么?

학습목표
- 장래 희망을 '我想当~'을 써서 말할 수 있다.
- 본문 문장에 나온 단어의 뜻을 알고, 읽고 쓸 수 있다.

도입

■ 동기 유발

❶ 학생들에게 장래 희망을 발표하게 한다.

교사 어른이 되면 하고 싶은 일과 그 이유를 말해 봅시다.

학생1 저는 선생님이 되고 싶습니다. 학생들이 모르는 것을 친절하게 가르쳐 주고 재미있는 이야기도 많이 들려 주고 싶습니다.

교사 ○○는 커서 뭐가 되고 싶어요?

학생2 의사입니다.

교사 의사를 중국어로 어떻게 말하나요?

학생2 医生입니다.

유의 이와 같은 방법으로 두세 명 더 발표하게 한다.

❷ 이번 과에서는 자기의 장래 희망을 중국어로 말하는 표현을 배울 것임을 알린다.

■ 학습 내용 확인하기

- 장래 희망을 '我想当~'을 사용하여 표현한다.
- 본문의 새 단어를 익힌다.

전개

■ 이 단원에서 배울 내용 알아보기

❶ 그림을 보고 이 단원에서 배울 내용이 무엇인지 살펴보도록 한다.

교사 18쪽 그림에서 딩딩과 동동은 무엇에 대해 이야기를 나누고 있나요?

학생 장래 희망입니다.

교사 19쪽 그림에서 딩딩과 동동은 무엇에 대해 이야기를 나누고 있나요?

학생 부모님의 직업입니다.

 이 단원에서 배울 내용은 장래 희망과 직업을 나타내는 표현입니다.

■ 본문

❶ CD를 두 번 들려 준다. (CD-07)

❷ 본문의 내용을 이해했는지 살펴본다.

 동동의 장래 희망은 무엇인가요?

 중국어 선생님입니다.

 동동의 장래 희망을 중국어로 말해 볼까요?

 汉语老师。

 딩딩 어머니의 직업은 무엇인가요?

 의사입니다.

 딩딩 어머니의 직업을 중국어로 말해 볼까요?

 医生。

❸ 본문의 중요 표현을 살펴본다.

 '넌 커서 뭐가 되고 싶니?'를 중국어로 어떻게 말할까요?

 长大你想当什么?

 ○○, 长大你想当什么?

 我想当□□。

 '너의 엄마가 하시는 일은 무엇이니?'를 중국어로는 어떻게 말할까요?

 你妈妈做什么工作?

 ●●, 你妈妈做什么工作?

 我妈妈是～。

유의 '长大'를 '你' 뒤에 넣어서 쓸 수도 있음을 알려 준다.
　　예 你长大想当什么? / 我长大想当汉语老师。

❹ CD를 다시 듣고 본문의 내용을 익히도록 한다. (CD-07)

> • 먼저 교사가 딩딩 역할을, 학생이 동동 역할을 맡아 연습한다.
> • 전체 학생을 두 모둠으로 나누어(남·여, 짝꿍 등으로 다양하게 나누기) 묻고 답한다.
> • 잘하는 학생 몇 명을 뽑아 딩딩 역할(혹은 동동 역할)을 하게 하고 나머지 학생들이 다른 역할을 맡게 한다.
> • 교사가 학생들과 일대일로 역할할을 나누어 말해 본다.

■ 단어

❶ CD를 들으며 따라 읽고 단어를 눈으로 익히도록 한다. (CD-08)

❷ 단어의 한자와 병음을 써서 보여 준다.

> • 칠판에 병음을 쓸 수 있도록 네 줄을 그린 뒤 한어병음과 성조를 줄에 맞추어 쓰고, 바로
>   아래에 해당 한자를 바르게 쓴다.
> • 한자를 쓸 때는 정자로 순서를 강조하며 써서 보여 주고 따라 쓰게 한다.

유의 • ‘长’의 필순은 아주 많은 학생들이 틀리기 쉬우므로 “一, 二, 三~”이라고 순서를 말하며 필순을
     강조하도록 한다. 어떤 학생들의 경우 영어 ‘K’ 모양처럼 쓰고 가운데 가로획을 쓰는 경우도 있다.

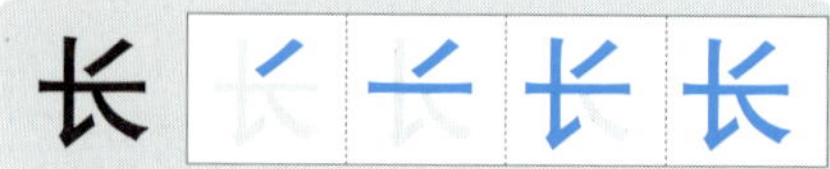

• ‘作’의 네 번째 필순은 가로획이 됨을 강조한다. 삐침을 하고 나서 세로획을 먼저 쓰고 가로획 세 개를
  연이어 쓰지 않도록 특히 강조한다.

作　‘作　亻作　亻作　亻作　亻作　作　作

❸ 단어의 쓰임을 알아본다.

> • ‘长’은 중국어에서는 두 가지로 발음됨을 다시 한 번 확인시킨다.
>   [cháng] : 길다 ; 오래 걸리다 ↔ 短[duǎn]　　　　　　　※2권 8과에서 배움
>   　　　　예 这条裙子有点儿长。/ 时间很长。
>   [zhǎng] : 자라다, 생기다 ; 우두머리, 책임자
>   　　　　예 弟弟已经长大了。(동생은 벌써 다 컸다.) /
>   　　　　　 班长(반장), 家长(가장), 校长(교장)
>
> • ‘想’은 우리말의 ‘~하고 싶다’와 쓰임이 같은 말로 그 위치는 언제나 동사 앞에 온다.
>   그러나 ‘想’이 동사 자체로 쓰이는 경우에는 ‘생각하다’ 또는 ‘보고 싶다’의 뜻으로 쓰인다.
>   예 我想学汉语。(나는 중국어를 배우고 싶다.)
>   　 我想一想。(내가 한 번 생각해 볼게.)
>   　 我很想妈妈。(나는 엄마가 보고 싶다.)
>
> • ‘当’은 ‘~역할을 맡다’라는 뜻으로도 자주 쓰인다.
>   예 我当丁丁, 你当东东。/ ○○当老师, △△当学生。
>
> • ‘工作’는 동사 ‘일하다’라는 뜻으로도 쓰인다.
>   예 他努力[nǔlì]工作。(그 사람은 열심히 일한다.)

❹ CD를 다시 한 번 듣고 따라 읽도록 한다. (CD-08)

■ 배운 내용 확인하기

- 본문 네 문장을 해석과 함께 천천히 반복하여 읽어 주거나 교사가 우리말로 말하면 학생들이 중국어로, 교사가 중국어로 말하면 학생들이 우리말로 표현하도록 한다.
- 본문에서 가장 중요한 문장을 하나 골라 묻고 대답하도록 한다.

  교사 '我想当~'을 사용하여 커서 하고 싶은 일을 말해 볼까요?

  학생 我想当화가。

  유의 직업 이름은 우리말로 하는 것도 괜찮다고 알려 준다.

■ 과제 제시

- 오늘 배운 단어의 병음과 한자를 각각 다섯 번씩 쓰기
- 장래 희망을 묻고 대답하는 표현 익혀 오기
- 인터넷을 통해 자기가 관심 있는 직업 이름 중국어로 알아 오기
- 부모님의 직업 중국어로 알아 오기

■ 다음 시간 학습 내용 알려 주기

- 접미사나 문법적인 어휘 또는 뜻이 약해지는 음절을 경성으로 발음하는 연습을 한다.
- 부모님의 직업과 학생들의 장래 희망을 묻고 답하는 연습을 한다.

■ 교사의 다음 시간 준비

- 퀴즈 상자 1개, 직업 이름이 적힌 종이(직업 이름은 2차시 보충 학습의 자료 참고)

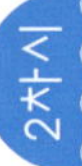
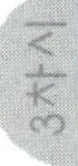

第二课　长大你想当什么?

학습목표

⊙ 접미사나 문법적인 어휘 또는 뜻이 약해지는 음절을 경성으로 발음할 수 있다.
⊙ 부모님의 직업과 학생들의 장래 희망을 묻고 답할 수 있다.

도입

■ **동기 유발**

❶ 놀이를 통해 직업 이름을 익혀 보도록 한다.

❷ 여러 모둠으로 나누어 앉는다.

❸ 모둠별로 대표 한 명이 나와서 퀴즈 상자에서 직업 이름이 쓰인 종이를 한 장 뽑는다.

❹ 대표가 직업과 관련된 일을 몸짓으로 표현하거나 말로 설명해 주면 그 모둠의 다른 친구들이 답을 맞히도록 한다. 문제는 모둠별로 돌아가면서 설명한다.

❺ 우리말로 답을 맞히면 1점, 중국어로 답을 맞히면 2점으로 하고, 점수가 가장 높은 모둠이 이기는 것으로 한다.

　　유의 중국어로 대답하기는 쉽지 않으므로 교재나 학생들이 조사한 다른 참고 자료를 볼 수 있도록 한다.

■ **학습 내용 확인하기**

● 접미사나 문법적인 어휘 또는 뜻이 약해지는 음절을 경성으로 발음한다.

● 장래 희망을 묻고 대답한다.

전개

■ **念一念**

❶ CD를 들려 주고, 학생들에게 들은 대로 발음해 보도록 한다. (CD-09)

❷ 칠판에 '1성+경성', '2성+경성', '3성+경성', '4성+경성'의 성조 그림을 책에 나온 대로 잘 보이도록 그린 뒤, 그림의 화살표를 따라 하나씩 짚어가며 책에 나온 단어를 읽고 학생들이 큰 소리로 따라 읽도록 한다.

❸ 책에 나오는 방식대로 각 성조마다 자주 쓰는 어휘 몇 개씩을 더 연습해 보도록 한다.

1성+경성	包子[bāozi] 만두	窗户[chuānghu] 창문
2성+경성	猴子[hóuzi] 원숭이	头发[tóufa] 머리카락
3성+경성	暖和[nuǎnhuo] 따뜻하다	晚上[wǎnshang] 저녁
4성+경성	帽子[màozi] 모자	兔子[tùzi] 토끼

❹ 접미사, 문법적인 어휘, 뜻이 약해지는 음절 등의 방식으로 분류하여 다시 연습해 보도록 한다.

접미사	你们[nǐmen] 너희들	石头[shítou] 돌멩이	椅子[yǐzi] 의자
문법적인 어휘	吃了[chī le] 먹었다	跑得[pǎo de] 뛰는 것이	我的[wǒ de] 나의
뜻이 약해지는 음절	高兴[gāoxing] 기쁘다	喜欢[xǐhuan] 좋아하다	知道[zhīdao] 알다

■ 说一说 1

❶ CD를 두 번 들려 주고 교사의 물음에 대답하도록 한다. (CD-10)

교사▶ 여기에 나오는 아빠의 직업은 무엇인가요?

학생▶ 회사원입니다.

교사▶ 여기에서 나의 장래 희망은 무엇이라고 했나요?

학생▶ 화가입니다.

교사▶ '나는 화가가 되고 싶다.'를 중국어로 어떻게 말할까요?

학생▶ '我想当画家。'

❷ CD를 일시정지 기능을 이용하여 한 문장씩 따라 읽도록 한다. (CD-10)

❸ 다양한 방법으로 말하기 연습을 한다.

- 먼저 교사와 학생들이 역할을 맡아 말하기 연습을 하면서 성조나 발음이 잘못된 곳을 알려 준다.
- 교사가 돌아다니며 한 학생씩 물으면 부모님의 직업과 자기의 장래 희망을 중국어로 바꾸어 말하도록 한다.

교사▶ 你爸爸做什么工作?

학생1▶ 他是○○。

교사▶ 长大你想当什么?

학생1▶ 我想当○○。

■ **보충 학습**

❶ CD를 한 번 듣고 교사가 읽은 뒤 학생들이 따라 읽도록 한다. (CD-11)

❷ 여러 가지 직업에 대해 설명한다.

기자 记者 jìzhě	마술사 魔术师 móshùshī	만화가 漫画家 mànhuàjiā	변호사 律师 lǜshī
사육사 饲养员 sìyǎngyuán	스튜어디스 空姐 kōngjiě	아나운서 播音员 bōyīnyuán	연예인 演员 yǎnyuán
외교관 外交官 wàijiāoguān	우주비행사 宇航员 yǔhángyuán	프로게이머 职业游戏玩家 zhíyèyóuxìwánjiā	피아니스트 钢琴家 gāngqínjiā

유의 보통 직업을 나타내는 말에는 '-家, -员, -师, -者, -官' 등이 쓰임을 알린다. 우리말에서도 그대로 쓰이므로 우리말과 비교하여 설명하면 학생들의 이해를 도울 수 있다.

■ **说一说 2**

❶ 보충 학습의 직업 이름을 이용하여 교사가 묻고 학생들이 대답하도록 한다.

❷ 전체 학생을 일으켜 세운 뒤 교사가 한 학생에게 먼저 장래 희망을 묻는다.

교사 长大你想当什么?

학생1 我想当○○。(대답을 한 뒤 자리에 앉는다.)

❸ 대답한 학생과 같은 장래 희망을 가진 학생들이 있는 경우에는 '我也想当○○。'라고 대답하고 앉도록 한다.

❹ 다시 교사가 일어서 있는 학생 가운데 한 명에게 부모님의 직업을 묻는다.

교사 你妈妈做什么工作?

학생2 我妈妈是△△。

❺ 대답한 학생과 같은 부모님의 직업이 있는 경우에는 '我妈妈也是△△。'라고 대답하고 앉도록 한다.

❻ 이와 같은 방법으로 전체 학생이 장래 희망과 부모님의 직업을 발표하도록 한다.

■ 배운 내용 확인하기

- 한 음절에서 뒷부분을 경성으로 발음하는 단어를 학생들과 다시 함께 발음해 본다.
- 说—说의 네 문장을 해석과 함께 천천히 반복하여 읽어 주거나, 교사가 우리말로 말하면 학생들이 중국어로 표현하도록 유도한다.

■ 과제 제시

- 念—念의 단어 각각 세 번씩 읽으며 쓰기(한자와 병음 모두)
- 说—说의 네 문장 외워 오기(직업 이름은 자기가 좋아하는 것으로 바꾸어 외우기)
- 가족들의 직업과 일하는 곳 우리말로 적어 오기

■ 다음 시간 학습 내용 알려 주기

- 가족들의 직업과 일하는 곳을 발표한다.
- 여러 가지 직업의 이름을 알고 장래 희망 말하기 놀이를 한다.

■ 교사의 다음 시간 준비

- 교사 : 직업을 잘 나타내는 사진이나 그림(부록의 직업 카드 1~14에 나오는 것으로)
- 학생 : 가위, 풀

第二课　长大你想当什么？

학습목표

◉ 가족들의 직업과 일하는 곳을 중국어로 말할 수 있다.
◉ 여러 가지 직업 이름을 알고 장래 희망을 중국어로 말할 수 있다.

도입

■ 동기 유발

❶ 교사가 지난 시간에 배운 내용을 이용하여 장래 희망을 물으면 교사가 이름을 부른 학생은 장래 희망을 말하도록 한다.

| 교사 ▶ | ○○长大想当什么？ |
| 학생 ▶ | 我想当～。 |

❷ 한 학생씩 돌아가며 자기 부모님의 직업을 말하도록 한다.

학생1 ▶	我爸爸(妈妈)是△△。
학생2 ▶	我爸爸(妈妈)是□□。
학생3 ▶	我爸爸(妈妈)是◇◇。

■ 학습 내용 확인하기

● 가족들의 직업과 일하는 곳을 중국어로 표현한다.

● 여러 가지 직업 이름을 알고 장래 희망을 중국어로 말한다.

전개

■ 做一做 1

❶ 가족들의 직업과 일하는 곳 선으로 연결하기

교사 ▶	그림을 보고 가족들의 직업을 말해 볼까요?
학생 ▶	아빠는 경찰, 엄마는 의사, 삼촌은 법관, 누나는 선생님입니다.
교사 ▶	아빠, 엄마, 삼촌, 누나가 일하는 곳을 말해 볼까요?
학생 ▶	아빠는 경찰서, 엄마는 병원, 삼촌은 법원, 누나는 학교입니다.
교사 ▶	그럼, 가족의 직업과 일하는 곳을 선으로 연결해 봅시다.

❷ 가족의 직업과 일하는 곳을 선으로 연결하고 스티커를 붙이도록 한다.

❸ 교사가 가족의 직업을 묻고 전체 학생이 다 같이 이어서 대답하도록 한다.

> 교사 他们做什么工作?
>
> 학생 爸爸是警察。妈妈是医生，叔叔是法官，姐姐是老师。

❹ 가족의 직업과 일하는 곳을 중국어로 교사가 묻고 학생들이 대답하도록 한다.

> 교사 爸爸在哪儿工作?
>
> 학생 爸爸在警察局工作。
>
> 교사 妈妈在哪儿工作?
>
> 학생 妈妈在医院工作。

> 유의 학생들이 대답을 잘 생각하지 못할 경우에는 교사가 다른 사람을 예로 들어 우리말로 말한 뒤 중국어로
> 말해서 힌트를 줄 수도 있다.

> 교사 선생님의 형은 회사에서 일해요. / 老师的哥哥在公司工作。

■ 做一做 2

❶ 직업 이름을 듣고 생각나는 물건이나 단어를 말한다.

> 교사 '요리사' 하면 생각나는 물건은 무엇인가요?
>
> 학생 요리사 모자, 칼, …
>
> 교사 '의사' 하면 생각나는 물건은 무엇인가요?
>
> 학생 청진기, 주사기, …
>
> 교사 '화가'는?
>
> 학생 물감, 도화지, 파레트, …
>
> 교사 '군인' 하면 생각나는 물건은 무엇인가요?
>
> 학생 총, 군복, 군화, …

❷ 그림에 어울리는 직업을 골라 한자로 쓰도록 한다.

❸ 여러 가지 직업의 이름을 알아본다.
교사가 준비한 사진이나 그림을 학생들에게 보여 주고 학생들이 해당 직업의 단어카드를
들어 보이며 큰 소리로 직업 이름을 말하도록 한다. (부록의 직업 카드 1~14 활용)

> 교사 (교사와 관련된 사진을 보여 주며) 보여 주는 사진과 관계있는 단어카드를 들어 보세요.
>
> 학생 ('教师' 단어카드를 들며) 教师

■ 做一做 3

❶ 중국어로 장래 희망 말하기 놀이를 한다.

> **유의** • 한 모둠이 여섯 명이 되지 않을 경우 학생 이름 주사위에 '다시 한 번 더', 또는 '꽝'을 쓰게 한다. 장래
>   희망은 여섯 개를 쓴다.
>   • 주사위를 만들 때 주사위 모양이 찌그러지지 않도록 교사가 도와 준다.

❷ 주사위에 이름이 나오면 이름이 나온 학생을 제외한 같은 모둠의 전체 학생들이 묻고 이름이 나온 학생이 장래 희망을 말한다.

> [전체학생] ○○长大想当什么?
>
> [이름이나온 학생] ○○长大想当画家。

과제 제시

- 가족의 직업을 식구들 앞에서 중국어로 말하고 부모님 확인 받아 오기

  > (예)1 爸爸是○○。妈妈是△△。叔叔是□□。…
  >
  > (예)2 爸爸在○○工作。妈妈在△△工作。叔叔在□□工作。…

- 오늘 배운 직업 이름 가운데 자기가 좋아하는 다섯 개를 공책에 두 번씩 적기

다음 시간 학습 내용 알려 주기

- 직업과 관련된 동사를 익힌다.
- 중국 학교 문화(중국 학교의 주요 과목)를 알아보고, 노래 '你想当什么?'를 부른다.

다음 시간 준비

- 교사 : 〈우리나라와 중국의 주요과목〉 비교 자료
- 학생 : 부록의 직업 카드 1~14

정리

长大你想当什么?

학습목표
- 직업과 관련된 동사를 익힌다.
- 노래를 통해 나의 장래 희망을 표현할 수 있다.

도입 ┈┈┈┈┈ ■ **동기 유발**

❶ 부록의 직업 카드를 이용하여 여러 기준에 따라 나누어 본다.

公司职员 gōngsī zhíyuán	画家 huàjiā	歌手 gēshǒu	设计师 shèjìshī	科学家 kēxuéjiā	军人 jūnrén	法官 fǎguān
警察 jǐngchá	厨师 chúshī	运动员 yùndòng yuán	医生 yīshēng	教师 jiàoshī	消防员 xiāofáng yuán	司机 sījī

예
- 자기가 좋아하는 직업과 싫어하는 직업
- 남자가 주로 하는 직업과 여자가 주로 하는 직업
- 부모님이 원하는 직업 다섯 개 순위로 정리하기

유의 직업 분류보다는 직업 이름을 아는데 초점을 두고 분류 기준은 상황에 따라 다양하게 제시할 수도 있다.

❷ 교사가 한 학생씩 또는 전체 학생을 상대로 우리말로 묻고 학생들은 중국어로 직업 이름을 대답하도록 한다.

교사 ○○, 네가 좋아하는 직업과 싫어하는 직업은 무엇이니?

학생1 제가 좋아하는 직업은 厨师이고, 싫어하는 직업은 医生입니다.

유의 학생들이 배운 중국어 단어를 이용하여 중국어로 묻고 대답하여도 좋다.

교사 ○○, 你喜欢做什么工作? 你不喜欢做什么工作?

학생1 我喜欢做厨师, 我不喜欢做医生。

■ **학습 내용 확인하기**

- 직업과 관련된 동사를 익힌다.
- 노래를 통해 나의 장래 희망을 표현한다.

전개 ┄┄ ■ **练一练**

❶ 그림을 보면서 직업 이름을 교사가 큰 소리로 읽고 학생들이 따라 읽도록 한다.

❷ 직업과 관련된 일을 교사가 우리말로 묻고 학생들이 대답하도록 한다.

> 교사 ─ 의사가 하는 일은 무엇인가요?
> 학생 ─ 환자를 진찰합니다.
> 교사 ─ '진찰하다'를 중국어로 어떻게 말하나요?
> 학생 ─ 看病

❸ 이와 같은 방법으로 직업과 관련된 동사(救火, 画画儿, 开车, 做菜, 教书)를 차례대로 익히도록 한다.

❹ 직업과 관련된 동사를 넣어 문장을 만들고 교사가 중국어로 묻고 학생들이 대답하도록 한다.

> 교사 ─ 医生做什么工作？　　　　学생 ─ 医生看病。
> 교사 ─ 消防员做什么工作？　　　学생 ─ 消防员救火。
> 교사 ─ 画家做什么工作？　　　　学생 ─ 画家画画儿。
> 교사 ─ 司机做什么工作？　　　　学생 ─ 司机开车。
> 교사 ─ 厨师做什么工作？　　　　学생 ─ 厨师做菜。
> 교사 ─ 老师做什么工作？　　　　学생 ─ 老师教书。

> **유의** 앞에서 배운 다른 직업을 가지고 더 연습해도 좋다.

> 교사 ─ 歌手做什么工作？　　　　学생 ─ 歌手唱歌。
> 교사 ─ 警察做什么工作？　　　　学생 ─ 警察抓小偷。
> 　　　　　　　　　　　　　　　　[※抓小偷 zhuā xiǎotōu 도둑을 잡다]
> 교사 ─ 饲养员做什么工作？　　　学생 ─ 饲养员养动物。

■ **看一看**

❶ 학생들이 큰 소리로 읽도록 한다.

❷ 학생들에게 각자 생각하는 주요 과목이 무엇인지 물어 보고 그 이유를 설명하도록 한다. 앞으로는 중국어를 알면 할 수 있는 일이 많아질 것이므로, 중국어가 장차 주요 과목이 될 것이라는 말로 학생들을 격려해 주도록 한다.

■ **唱一唱**

❶ CD로 '你想当什么?' 노래를 두 번 들어 본다. (CD-12)

❷ 노랫말을 보고 교사가 묻고 학생들이 대답하도록 한다.

> [교사] 군인이 하는 일을 중국어로 말해 볼까요?
> [학생] 保国家
> [교사] 의사가 하는 일을 중국어로 말해 볼까요?
> [학생] 救病人
> [교사] 운전기사 아저씨가 하는 일을 중국어로 말해 볼까요?
> [학생] 跑天下
> [교사] 여기서 '跑天下'는 무슨 뜻일까요?
> [학생] 开车

❸ CD를 일시정지 기능을 이용하여 한 문장씩 따라 읽도록 한다. (CD-12)

❹ 교사가 하는 말을 먼저 따라 읽고 역할을 바꾸어 불러 보도록 한다.

> [교사] 军人保国家，医生救病人，司机跑天下。
> [학생] 军人保国家，医生救病人，司机跑天下。

(짝꿍끼리 한 사람은 묻고 한 사람은 답하면서 부르기) 你想当什么? / 我想当〇〇。

정리

■ **과제 제시**

● 본문 네 문장 외우기
● 워크북 2과 풀이해 오기

준비 단계

▶ 준비물 : 우리 가족의 직업과 내 장래 희망 소개서

① 학생들에게 자기 희망 소개서를 나누어 주고 다 완성하여 오게 하고 내용은 외울 수 있도록 숙제로 내 준다.

 예

我爸爸是○○。 我妈妈是△△。 我长大想当□□。	아빠, 엄마, 자기 얼굴 사진을 오려 붙이고 몸 부분은 그 직업을 연상할 수 있는 그림(옷이나 그 밖의 상황 등으로)으로 완성하도록 한다.

② 학생들이 완성한 소개서를 거두어 사진과 그림만 스캔해서 PPT 자료를 만들어 준비한다.

활동 단계

▶ 준비물 : PPT 자료

① 숙제로 내 준 내용을 확인할 수 있도록 전체 학생이 다 같이 동시에 큰 소리로 말하게 한다.

> 교사 ▷ 아빠 엄마의 직업과 자기 장래 희망을 말해 봅시다.

> 학생 ▷ 我爸爸是○○。我妈妈是△△。我长大想当□□。

② 교사가 PPT로 가족사진과 그림을 하나씩 보여 주면 해당하는 학생이 일어나 자기 가족의 직업과 자기 장래 희망을 중국어로 말하도록 한다.

③ 말한 학생들이 잘했으면 '很好'나 '非常好' 등으로 격려한 뒤 '我也希望你能当□□。'라고 말해 준다. (希望 xīwàng : 바라다, 희망하다 / 能 néng : 할 수 있다)

3 多少钱?
얼마입니까?

단원 특성 : 이 단원에서는 물건을 살 때 쓰는 여러 가지 표현을 익힌다. 상황에 따라 성조가 바뀌는 '一'를 연습해 보고, 중국의 화폐 단위를 알아본다.

차시	학습 내용
1차시	본문을 통해 시장이나 상점에서 물건을 살 때 쓰는 기본적인 표현을 익히도록 한다. 그리고 본문 문장에 나온 단어의 뜻과 읽고 쓰는 법을 알게 한다.
2차시	'一'의 성조가 1, 2, 3성 앞에 올 때와 4성 앞에 올 때 어떻게 바뀌는지 들어 보고 정확하게 발음할 수 있도록 한다. 그리고 물건과 물건 값을 바꾸어 넣어가며 말하기 연습을 한다.
3차시	중국 인민폐를 이용하여 여러 가지 채소의 값을 '○块○毛'로 말해 보고, 과일 가게에서 과일을 사고 팔 때의 대화를 연습한다.
4차시	중국의 화폐 단위에 대해 알아보고 중국 학교의 등급제와 증서 열풍에 대해 알아본다. 또 시장에 가 본 기억을 떠올리며 '물건 사기' 노래를 불러 본다.

第三课　多少钱？

학습목표

- 물건을 사고 팔 때 쓰는 표현을 알아듣고 말할 수 있다.
- 본문 문장에 나온 단어의 뜻을 알고, 읽고 쓸 수 있다.

도입

■ **동기 유발**

❶ 시장에 가 본 경험을 발표하도록 한다.

〔교사〕 시장에 가 본 경험을 떠올리며 시장에서 본 것을 말해 봅시다.

〔학생1〕 여러 가지 물건이 진열된 모습, 시식 코너, 상인들이 물건을 사라고 말하는 모습, 물건을 팔고 사는 모습 등

〔교사〕 시장에 가 본 느낌은 어땠나요?

〔학생2〕 물건의 종류가 다양하고, 사람도 많고, …

〔교사〕 엄마가 사신 물건은 무엇인가요?

〔학생2〕 생선, 채소 …

〔유의〕 이와 같은 방법으로 두세 명 더 발표하도록 한다.

❷ 이번 과에서는 물건을 사고 팔 때 쓰는 표현을 배운다.

■ **학습 내용 확인하기**

● 물건을 사고 팔 때의 표현을 익힌다.

● 본문의 새 단어를 익힌다.

전개

■ **이 단원에서 배울 내용 알아보기**

❶ 그림을 보고 이 단원에서 배울 내용이 무엇인지 살펴보도록 한다.

〔교사〕 26쪽 그림에서 딩딩이 어머니와 함께 간 곳은 어디인가요?

〔학생〕 시장입니다.

〔교사〕 어느 가게에서 사려고 하나요?

(학생) 과일 가게입니다.

(교사) 이 단원에서 배울 내용은 시장에서 물건을 사고 팔 때 쓰는 표현입니다.

■ 본문

❶ CD를 두 번 들려 준다. (CD-14)

❷ 본문의 내용을 이해했는지 살펴본다.

(교사) 어머니가 시장에서 산 물건은 무엇인가요?

(학생) 사과입니다.

(교사) 본문에 나오는 중국의 화폐 단위는 무엇과 무엇인가요?

(학생) 块와 毛입니다.

(교사) 무게의 단위인 근을 나타내는 말은 무엇인가요?

(학생) 斤입니다.

(교사) 어머니가 물건을 싸게 샀나요?

(학생) 예, 싸게 샀습니다.

(교사) 엄마는 사과 1kg을 얼마에 샀습니까?

(학생) 四块八毛에 샀습니다.

(유의) 혹시 본문 그림에 나오는 과일 이름을 중국어로 묻는 학생들이 있을 수 있다. 미리 사진을 준비하여 알려 주어도 좋다.
  • 두리안(껍질이 뾰족한 가시 모양의 동남아 원산 과일) : 榴莲[liúlián]
  • 망고스틴(보라색 둥근 모양의 동남아 원산 과일) : 山竹[shānzhú]

❸ 본문의 중요 표현을 살펴본다.

(교사) '얼마입니까?'를 중국어로 어떻게 말할까요?

(학생) 多少钱?

(교사) '너무 비싸요. 좀 깎아 주세요'는 어떻게 말할까요?

(학생) 太贵了, 便宜点儿好吗?

(교사) '四块八毛'를 우리말로 뭐라고 할까요?

(학생) 4위안 8마오입니다.

Tip; 단위와 값을 함께 말할 때는?

중국어에서 물건을 사고 팔 때 단위와 값을 함께 말할 경우에는 일반적으로 '물건+값+단위'의 순서로 말한다. 그러나 입말(구어체)에서는 우리말 순서처럼 '물건+단위+값'의 순서로 말하기도 한다.

(예) 苹果多少钱一斤? / 五块(钱)一斤。⇒ 苹果一斤多少钱? / 一斤五块(钱)。

중국에서는 채소와 과일을 팔 때 꼭 무게를 재서 물건 값을 매긴다. 채소는 물론이고 대체로 개수로 값을 매기는 과일(사과, 배, 귤, 감, 수박, 참외 등)도 반드시 저울로 무게를 달아 물건 값을 매긴다. 이때 쓰는 단위는 모두 '斤 jīn'으로 '一斤'은 500g을 나타낸다.

❹ CD를 다시 듣고 본문의 내용을 익히도록 한다. (CD–14)

- 먼저 교사가 엄마 역할을, 학생이 가게 주인 역할을 맡아 연습한다.
- 전체 학생을 두 모둠으로 나누어(남·여, 짝꿍 등으로 다양하게 나누기) 묻고 답한다.
- 잘하는 학생 몇 명을 뽑아 엄마, 가게 주인 역할을 맡게 한다.
- 교사가 학생들과 일대일로 역할을 나누어 말해 본다.

■ 단어

❶ CD를 들으며 따라 읽고 단어를 눈으로 익히도록 한다. (CD–15)

❷ 단어의 한자와 병음을 써서 보여 준다.

- 칠판에 병음을 쓸 수 있도록 네 줄을 그린 뒤 한어병음과 성조를 줄에 맞추어 쓰고, 바로 아래에 해당 한자를 바르게 쓴다.
- 한자를 쓸 때는 정자로 순서를 강조하며 써서 보여 주고 따라 쓰게 한다.

유의 · '钱'의 다섯 번째 필획은 세로로 내린 뒤 오른쪽으로 삐쳐 올리는 획이다. 가끔 왼쪽으로 삐쳐 올리는 학생들이 있으므로 주의시키도록 한다. 마지막 획은 점(丶)이 됨을 강조한다.

· '斤'의 첫 번째 획은 오른쪽 위에서 왼쪽 아래로 삐치는 획이다. 왼쪽에서 오른쪽으로 쓰는 가로획처럼 쓰지 않도록 강조한다.

· '太'는 '犬(quǎn : 개 견)'과 모양이 비슷하므로 비교해서 써서 보여 준다. 점의 위치를 꼭 기억하도록 강조한다.

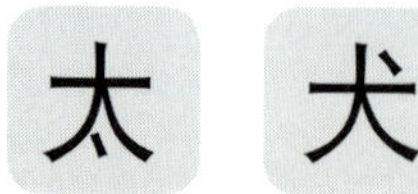

❸ 단어의 쓰임을 알아본다.

> • '多少'를 설명할 때는 '几'와 같이 설명하여 그 차이를 익히는 것이 좋다. '多少'는 보통 10 이상의 숫자에, '几'는 10 이하의 숫자에 쓰지만 어떤 경우에는 구별 없이 쓰기도 한다.
>
> **유의** '얼마'라고 물을 때 '多少'는 '多少钱?'으로 묻지만 '几'는 '几块钱?'처럼 꼭 '块'를 써야 한다.
>
> • '块'는 '元'과 뜻은 같으나 입말(구어)로 쓰는 말이다. 값을 종이에 적을 때는 '〜元'을 많이 쓰고, 생활 회화에서는 '块'를 많이 쓴다.
>
> • '太'는 '너무, 지나치게'라는 뜻으로 보통 부정적인 표현에 많이 쓰인다. 긍정적인 표현으로 쓰이는 경우에는 감탄의 뜻을 나타낸다.
>
> | 부정적 표현 | 太贵
너무 비싸다 | 太坏[huài]
너무 나쁘다 | 太慢[màn]
너무 느리다 | 太重[zhòng]
너무 무겁다 |
> |---|---|---|---|---|
> | 긍정적 표현 | 太好
아주 좋다 | 太美
아주 아름답다 | 太漂亮
아주 예쁘다 | 太棒[bàng]
아주 훌륭하다 |
>
> • '便'은 우리말에서처럼 두 가지로 발음된다는 것을 알려 준다.
>
> **예** [pián] : 便宜[piányi] 싸다
>
> [biàn] : 大便[dàbiàn] 대변, 小便[xiǎobiàn] 소변
>
> • '点儿'은 동사 뒤에 붙어 '조금'이라는 뜻을 나타낸다. 보통 앞에 '一'을 붙여 쓰기도 한다.
>
> **예** 你多吃(一)点儿吧。(좀 더 먹어.)
>
> 快(一)点儿! (빨리 해!)

❹ CD를 다시 한 번 듣고 따라 읽도록 한다. (CD-15)

정리

■ **배운 내용 확인하기**

● 본문 네 문장을 해석과 함께 천천히 반복하여 읽어 주거나 교사가 우리말로 말하면 학생들이 중국어로, 교사가 중국어로 말하면 학생들이 우리말로 표현하도록 한다.

● 본문에서 가장 중요한 문장을 하나 골라 묻고 대답하도록 한다.

교사〉 (학생 앞에 있는 아무 물건이나 가리키며) 多少钱?

학생1〉 (자기가 하고 싶은 값으로) 七块三毛。

교사〉 多少钱?

학생2〉 八块五毛。

■ **과제 제시**

● 오늘 배운 단어의 병음과 한자를 각각 다섯 번씩 쓰기

● 1〜10, 百[bǎi], 千[qiān], 万[wàn]의 한자와 병음 각각 세 번씩 쓰고 읽기

■ **다음 시간 학습 내용 알려 주기**

● 성조가 바뀌는 '一'를 연습한다.

● 물건을 살 때 쓰는 여러 가지 표현을 연습한다.

■ **교사의 다음 시간 준비**

● 여러 가지 숫자가 쓰인 숫자 카드 : 한 자리 숫자부터 네 자리 숫자까지 다양하게 적고, 소수점을 이용하기도 한다. 숫자 뒤에는 '块'를 쓴다.

第三课　**多少钱?**

학습목표

◉ 상황에 따라 성조가 바뀌는 '一'를 정확하게 발음할 수 있다.
◉ 물건을 살 때 쓰는 말을 배운다.

3
과

도입 ┈┈┈┈ ■ **동기 유발**

❶ 교사가 숫자 카드를 들어 보이면서 값을 물으면 전체 학생들이 그 값을 말하도록 한다.

> 교사 ▸ (25块 숫자 카드를 들어 보이며) 多少钱?
>
> 학생 ▸ 二十五块。
>
> 교사 ▸ (137块 숫자 카드를 들어 보이며) 多少钱?
>
> 학생 ▸ 一百三十七块。

❷ 전체 학생들에게 몇 번 물어 보다가 같은 방식으로 몇몇 학생에게 물어 보도록 한다.

> 유의 한 자리 수부터 네 자리 수까지 자리 수가 다른 여러 숫자를 이용해서 묻고 대답하면 더욱 흥미롭다.

■ **학습 내용 확인하기**

● 상황에 따라 성조가 바뀌는 '一'를 정확하게 발음한다.

● 물건을 살 때 쓰는 말을 배운다.

전개 ┈┈┈┈ ■ **念一念**

❶ CD를 들려 주고, 학생들에게 들은 대로 발음해 보도록 한다. (CD-16)

❷ 먼저 '一'의 원래 성조가 1성임을 강조하여 설명한다. '一' 뒤에 다른 음절이 붙으면 자연스럽게 발음하기 위해 성조가 바뀌게 됨을 설명한다.

> 유의 1·2·3성 앞에서는 4성으로 발음하고, 4성 앞에서는 2성으로 발음해야 함을 강조한다.

❸ 다른 성조로 발음되는 어휘 몇 개씩을 더 연습해 보도록 한다.

1성으로 발음	단독으로 쓰이거나 단어의 맨 끝에 올 때	一 yī	第一 dì yī	二十一 èrshíyī
2성으로 발음	뒤에 4성이 올 때 (4성에서 변한 경성 포함)	一共 yígòng	一块 yí kuài	一个 yí ge
4성으로 발음	뒤에 1·2·3성이 올 때	一天 yì tiān	一条 yì tiáo	一点 yì diǎn
경성으로 발음	같은 동사 사이에 쓸 때	读一读 dú yi dú	看一看 kàn yi kàn	说一说 shuō yi shuō

유의 '一月'에서는 '一'가 4성 '月' 앞에 있지만 발음할 때는 2성으로 하지 않고 'yī yuè'로 '一'를 1성으로 발음한다.

■ 说一说 1

❶ CD를 두 번 들려 주고 교사의 물음에 대답하도록 한다. (CD-17)

> 교사 ▷ 이 대화가 이루어진 장소는 어디라고 생각하나요?

> 학생 ▷ 장난감 가게입니다.

> 교사 ▷ 왜 그렇게 생각하나요?

> 학생 ▷ 玩具라는 말이 있습니다.

> 교사 ▷ 장난감의 가격을 얼마나 깎았나요?

> 학생 ▷ 十五块입니다.

❷ CD를 일시정지 기능을 이용하여 한 문장씩 따라 읽도록 한다. (CD-17)

❸ 단어를 바꾸어 말하기 연습을 한다.

> • 먼저 교사와 학생들이 역할을 맡아 말하기 연습을 하면서 성조나 발음이 잘못된 곳을 알려 준다.
>
> • 사고 싶은 물건과 값을 바꾸어 짝꿍과 함께 대화하도록 한다.
>
> > 학생1 ▷ 这件衣服多少钱?
> >
> > 학생2 ▷ 一百块。
> >
> > 학생1 ▷ 太贵了, 便宜点儿好吗?
> >
> > 학생2 ▷ 好, 八十五块。
>
> • 학생들에게 친숙한 물건의 중국 현지 가격을 알려 주고 대화해 보도록 한다.

一瓶水 yì píng shuǐ 물 한 병	一听可乐 yì tīng kělè 콜라 한 캔	一个汉堡 yí ge hànbǎo 햄버거 한 개	一支铅笔 yì zhī qiānbǐ 연필 한 자루	一个橡皮 yí ge xiàngpí 지우개 한 개
两块 liǎng kuài	三块 sān kuài	八块 bā kuài	一块 yí kuài	一块 yí kuài

■ **보충 학습**

❶ CD를 한 번 듣고 학생들이 따라 읽도록 한다. (CD-18)

> 교사 ― 새로 나온 낱말과 뜻을 말해 봅시다.
>
> 학생 ― 一共 전부, 모두
>
> 교사 ― '一共'은 언제 쓰는 말인가요?
>
> 학생 ― 물건을 여러 개 사고 한꺼번에 계산할 때 쓰는 말입니다.

❷ '一共'을 넣어 교사가 물어 보고 학생들이 대답하도록 한다.

> 교사 ― 一瓶水多少钱?
>
> 학생 ― 两块钱。
>
> 교사 ― 一听可乐多少钱?
>
> 학생 ― 三块钱。
>
> 교사 ― 一共多少钱?
>
> 학생 ― 一共五块钱。

> 유의 교사가 마지막에 말할 때 '我要买三瓶水和两听可乐。'처럼 좀 더 복잡하게 말한 뒤 모두 얼마냐고 물으면 더욱 흥미로울 수 있다.

❸ '0'이 들어가는 숫자를 읽는 법을 설명한다.

> 100 一百 / 1050 一千零五十 / 10050 一万零五十 / 10505 一万零五百零五

■ **说一说 2**

❶ 물건을 사고 팔 때 쓰는 말을 더 익히도록 한다.

> • 어떻게 파세요? (파는 단위를 모를 때) : 怎么卖[mài]?
>
> • 얼마나 사실 거예요? : 要买[mǎi]多少?

❷ 위의 문장을 사용하여 교사가 먼저 예시 대화를 가르쳐주고 나서 교사가 몇몇 학생들과 대화를 주고받도록 한다.

> 교사 ― 老板[lǎobǎn], 这个(苹果)怎么卖?　　　　사장님, 이거(사과) 어떻게 파세요?
>
> 학생1 ― 这个五块一斤。你要买[mǎi]多少?　　　한 근에 5위안이에요. 얼마나 사실 거예요?
>
> 교사 ― 我要买三斤。便宜点儿好吗?　　　　세 근요. 좀 싸게 해 주세요.
>
> 학생1 ― 好, 四块一斤。　　　　좋아요, 한 근에 4위안 해 드릴게요.
>
> 교사 ― 谢谢。　　　　고마워요.

■ 배운 내용 확인하기

● 상황에 따라 성조가 바뀌는 '一'를 몇 가지 단어와 함께 다시 발음해 본다.

● 물건을 살 때 쓰는 말을 교사가 우리말로 말하면 학생들이 중국어로 표현하도록 유도한다.

> 多少钱? ⇔ 얼마예요?
>
> 便宜点儿好吗? ⇔ 좀 싸게 해 주세요.
>
> 这个(苹果)怎么卖? ⇔ 이 (사과) 어떻게 파세요?
>
> 你要买多少? ⇔ 얼마나 사실 거예요?

■ 과제 제시

● 念一念의 단어 각각 세 번씩 읽으며 쓰기(한자와 병음 모두)

● 부록에 나오는 채소, 과일 이름 읽어 오기(蔬菜, 白菜, 萝卜, 胡萝卜, 茄子, 苹果, 葡萄, 香蕉, 桃子, 草莓)

■ 다음 시간 학습 내용 알려 주기

● 물건을 사고 파는 대화를 연습한다.

■ 다음 시간 준비

● 교사 : 1角, 2角, 5角, 1元, 2元, 5元, 10元, 20元, 50元, 100元 복사 화폐

● 학생 : 부록의 채소, 과일 단어카드 10개

第三课 多少钱?

 **학습목표**

◉ 중국 인민폐를 이용하여 여러 가지 채소의 값을 '○块○毛'로 나타낼 수 있다.
◉ 중국어로 물건을 사고 파는 표현을 배운다.

도입 — ■ **동기 유발**

❶ 채소와 과일 이름, 그리고 그 값을 우리말과 중국어를 섞어가며 교사가 묻고 학생들은 그에 해당하는 말을 우리말이나 중국어로 다시 말하도록 한다.

교사	학생
배추	白菜
萝卜	무
茄子	가지
복숭아	桃子
三斤	세 근
60원	六十块

❷ 같은 방법으로 짝꿍끼리 채소와 과일 이름을 말하도록 한다.

유의 말하는 속도를 빨리 하는 것이 흥미를 높이는 방법이다. 좀 더 어렵게 하려면 마지막에 묻는 말을 넣어 학생들이 대답하도록 해도 좋다.

예 桃子三斤六十块, 一斤多少钱?

■ **학습 내용 확인하기**

● 중국 인민폐를 이용하여 여러 가지 채소의 값을 '○块○毛'로 말한다.

● 중국어로 물건을 사고 파는 표현을 배운다.

전개 — ■ **做一做 1**

❶ 그림에 나오는 채소 가게의 물건 값 알아보기

교사 채소가게에 있는 채소를 중국어로 말해 볼까요?

（학생）━ 白菜, 茄子, 胡萝卜, 萝卜입니다.

（교사）━ 白菜, 茄子, 胡萝卜, 萝卜의 한 근 값을 말해 볼까요?

（학생）━ 1.3원 / 2.5원 / 2원 / 1.5원입니다.

❷ 채소 가게의 물건 값을 빈칸에 쓰도록 한 뒤 교사가 물건 값을 묻고 학생들이 대답하도록 한다.

（교사）━ 萝卜多少钱一斤?

（학생）━ 萝卜一块五毛(钱)一斤。

❸ 같은 방법으로 짝꿍끼리 묻고 대답하도록 한다.

유의 학생들이 궁금해할 수 있는 몇 가지 채소 이름을 더 알려 주어 이용할 수도 있다.

감자	고구마	양파	대파	고추
土豆 tǔdòu	地瓜 dìguā	洋葱 yángcōng	大葱 dàcōng	辣椒 làjiāo

■ 做一做 2

❶ 우리말 대화를 학생 두 명이 실감나게 읽어 보게 하여 분위기를 조성한다.

❷ 대화에 나오는 새로운 표현을 설명해 준다.

> • 你要买什么? : 뭘 사실 거예요?
>
> • 我要买〇〇。: 〇〇를 살 거예요.
>
> • 给你钱。: 돈 드릴게요.

❸ 교사가 먼저 잘하는 학생 두 명에게 주인과 손님의 역할을 맡도록 하여 중국어로 말하게 한다.

（학생1）━ 你好。你要买什么?

（학생2）━ 我要买香蕉。香蕉多少钱一斤?

（학생1）━ 一块五毛一斤。

（학생2）━ 太贵了, 便宜点儿好吗?

（학생1）━ 好, 一块三毛一斤吧。

（학생2）━ 我买两斤。给你钱。

❹ 복사한 중국 화폐를 이용하여 직접 돈을 주고받으며 위와 같은 방법으로 과일과 물건 값을 바꾸어가며 친구들과 역할 놀이를 하도록 한다.

■ 과제 제시

- 31쪽 '做一做 2'에 나오는 대화문을 자기가 좋아하는 채소나 과일 이름으로 넣어 외워 오기

■ 다음 시간 학습 내용 알려 주기

- 중국의 화폐 단위를 익힌다.
- 중국 학교 문화(등급제와 증서 열풍)를 알아보고, 노래 '买菜'를 부른다.

■ 다음 시간 준비

- 교사 : 중국 화폐 배경 그림(중국의 인터넷 사이트 www.baidu.com 검색창에 '人民币上的风景'을 검색어로 쳐서 나오는 자료 이용)
- 학생 : 부록에 나오는 모형 돈 8장(1위안짜리 네 장, 10위안짜리 두 장, 100위안짜리 두 장)

3
과

多少钱?

학습목표

- 중국의 화폐 단위인 '块'와 '毛'를 알 수 있다.
- 노래를 통해 시장에서 파는 물건을 중국어로 표현할 수 있다.

도입 ┈┈ ■ **동기 유발**

❶ 교사가 부록에 나오는 모형 돈으로 나타낼 수 있는 금액을 간단한 것부터 말하면 학생들이 그 돈만큼 모형 돈을 책상 위에 올려놓고 큰 소리로 그 금액을 말하도록 한다.

> 교사 ▷ 二十块
>
> 학생 ▷ (10원짜리 모형 돈 두 장을 책상 위에 올려놓고) 二十块

❷ 어느 정도 익숙해지면 더하기와 빼기를 이용하여 금액을 말하고 그 돈만큼 모형 돈으로 나타내도록 한다.

> 교사 ▷ 8위안 더하기 195위안
>
> 학생 ▷ (모형 돈으로 203위안을 맞추어 책상 위에 올려놓은 뒤) 两百零三块
>
> 교사 ▷ 25위안 빼기 12위안
>
> 학생 ▷ (모형 돈으로 13위안을 맞추어 책상 위에 올려놓은 뒤) 十三块

> 유의 교사가 학생들에게 더하기와 빼기를 중국어로 알려 주고 중국어로 금액을 말해 준 뒤 학생들이 모형 돈으로 나타내도록 하면 어렵지만 좀 더 흥미로울 수 있다.
>
> 예 八块加[jiā]一百九十五块 (8위안 더하기 195위안)
> 二十五块减[jiǎn]十二块 (25위안 빼기 12위안)

■ **학습 내용 확인하기**

- 중국의 화폐 단위인 '块'와 '毛'를 알 수 있다.

- 노래를 통해 시장에서 파는 물건을 중국어로 표현한다.

전개 ┈┈ ■ **练一练**

❶ 중국의 일상 회화에서 사용하는 화폐 단위인 '块, 毛'를 알아본다.

교사 ▷ '元'과 같은 화폐 단위는 무엇인가요?

학생 ▷ '块'입니다.

교사 ▷ '角'와 같은 화폐 단위는 무엇인가요?

학생 ▷ '毛'입니다.

교사 ▷ '一块'는 몇 '毛'가 되나요?

학생 ▷ '十毛'입니다.

❷ 교사가 중국어로 나와 있는 금액을 읽으면 학생들은 우리말로 말하고, 교사가 우리말로 금액을 읽으면 학생들은 중국어로 금액을 말하도록 한다.

교사 ▷ 两块七毛   학생 ▷ 2.7[이점칠]위안입니다.

교사 ▷ 4.9[사점구]위안   학생 ▷ 四块九毛입니다.

❸ 다 읽으면 빈칸에 알맞은 숫자나 중국어를 써넣도록 한다.

❹ 중국 화폐에 나오는 배경 그림을 화면으로 소개하며 중국 화폐에 대해 간단히 설명한다.

Tip; ▷ 중국 화폐의 이모저모

중국의 화폐 단위는 인민폐(人民币)라고 부르는데, 줄여서 보통 RMB라고 표시한다. 중국 돈 1元은 우리나라 돈으로 약 170원(2010년 3월 기준) 정도가 된다. 현재 사용되고 있는 동전으로는 1分, 5分, 1角, 5角, 1元짜리가 있고, 지폐로는 1元, 5元, 10元, 20元, 50元, 100元짜리가 있다. 그 가운데 1分과 5分짜리 동전은 현재 실제 생활에서는 거의 사용되지 않고 있다. 중국에서 元과 角는 주로 공식적인 표기 방식에 많이 쓰이고, 일상생활에서는 주로 块와 毛를 써서 말한다. 그 가치는 1元(1块) = 10角(10毛) = 100分이다.

看一看

❶ 학생들이 큰 소리로 읽도록 한다.

❷ [중국의 등급제와 증서]와 관련된 보충 자료를 한두 가지 예로 들어 주며 학생들의 이해를 돕도록 한다.

Tip; ▷ 중국 어린이 영어 등급 시험

중국에는 여러 사설 기관에서 실시하는 어린이 대상 영어 등급 시험이 있다. 그 가운데 '중국 어린이 영어 등급 시험(全国小儿英语等级考试, National Children English Test)'은 중국 교육부 소속의 정부 단체에서 주관하는 전국적인 어린이 영어 등급 시험이다.

시험 자격	만 4세 이상의 어린이
등급 분류	초급 1급(Starter I), 초급 2급(Starter II), 초급 3급(Starter III)
시험 형식	필기시험 및 구술시험(교사와 대화 형식으로 진행)
성적 및 증서	합격자에게는 해당 등급 증서 발급, 불합격자에게는 성적표 발급
홈페이지	www.ncet.com.cn

■ 唱一唱

❶ 시장에 가 본 경험을 떠올리며 CD로 '买菜' 노래를 들어 본다. (CD-19)

❷ 노랫말을 보고 교사가 묻고 학생들이 대답하도록 한다.

> 교사 ▷ 시장에 간 사람은 누구와 누구인가요?
>
> 학생 ▷ 小乖乖, 奶奶
>
> 교사 ▷ 노래에서 시장에서 산 물건을 중국어로 말해 볼까요?
>
> 학생 ▷ 蔬菜, 豆腐, 鱼, 肉, 蛋입니다.

❸ CD의 단어를 두 번 들려 주고 정확하게 발음할 수 있도록 한다. (CD-20)

❹ CD를 일시정지 기능을 이용하여 한 소절씩 따라 부르게 한다. (CD-19)

❺ 시장에서 살 수 있는 물건을 바꾸어서 노래를 불러 보도록 한다.

> 예 蔬菜, 白菜, 萝卜, 茄子, 土豆[tǔdòu], 地瓜[dìguā], 洋葱[yángcōng], 大葱,
> 辣椒[làjiāo]

정리 ┈┈┈ ## ■ 과제 제시

● 본문 네 문장 외우기

● 워크북 3과 풀이해 오기

▶ 준비물 : 백화점이나 대형 할인매장 또는 슈퍼마켓의 상품 광고물(상품과 금액이 함께 나온 것으로 학생 수만큼 준비한다.)

유의 • 교사는 광고물에 나오는 물건이나 채소, 과일 이름을 중국어로 알아 오도록 한다.

• 광고지를 구하기 힘든 경우에는 교사가 직접 여러 가지 물건 그림을 그리고 중국어로 물건 이름과 값을 쓴 광고지를 만들어도 좋다. 이 경우 물건의 값은 중국 현지 값과 비슷하게 하면 더욱 실감나게 할 수 있다.

① 학생들에게 상품 광고물을 나누어 준다.

② 광고물에 나오는 물건의 이름을 교사가 먼저 읽고 학생들이 따라 읽도록 한다.

③ 교사가 중국어로 말하는 금액으로 학생들이 사고 싶은 물건을 골라 광고지에 ○표시를 하도록 한다.

교사 ▷ 如果[rúguǒ]你有一万元, 你会买什么? (너한테 만 위안이 있다면 뭘 살 거니?)

④ 학생들이 다 표시를 한 뒤 교사가 한 학생씩 돌아가며 무엇을 샀는지 묻고 나서 전체 얼마를 썼는지 다시 묻고 대답하도록 한다.

교사 ▷ 你都买了什么?

학생1 ▷ 我买了○○, △△和◇◇。

교사 ▷ 你一共花了多少钱? (花 : 돈을 쓰다)

학생1 ▷ 我一共花了□□块(钱)。

⑤ 모든 학생들에게 묻는 것이 끝나면 전체 학생들에게 우리말로 물어 본다.

교사 ▷ 만 위안으로 가장 많은 종류의 물건을 산 학생은 누구일까요?

교사 ▷ 산 물건의 값을 합쳐서 만 위안에 가장 가깝게 산 학생은 누구일까요?

교사 ▷ 만 위안으로 물건을 가장 잘 산 학생은 누구일까요?

⑥ 각 물음에 해당하는 학생에게 중국어로 격려하고 정리한다.

교사 ▷ (가장 많은 종류의 물건을 산 학생에게) 你买了好多种!

교사 ▷ (만 위안에 가장 가깝게 물건을 산 학생에게) 你钱花得刚[gāng]好!

교사 ▷ (만 위안으로 물건을 가장 잘 산 학생에게) 你买得很好!

유의 학생들이 교사가 말하는 중국어를 잘 못 알아듣는다면 우리말로 묻고 중국어로 대답하도록 하여도 좋다.

青菜、豆腐、
鱼、肉、蛋，
嗨哟嗨哟抬回来。

4 加油!

힘내라!

단원 특성 : 이 단원에서는 운동 경기에서 사용하는 여러 가지 표현과 응원하는 말을 익힌다.
성조가 바뀌는 '不'를 연습해 보고, 정도를 나타내는 표현을 알아본다.

차시	학습 내용
1차시	본문을 통해 운동 경기에서 사용하는 표현을 익히도록 한다. 그리고 본문 문장에 나온 단어의 뜻과 읽고 쓰는 법을 알게 한다.
2차시	'不'의 성조가 1·2·3성 앞에 올 때와 4성 앞에 올 때 어떻게 바뀌는지 들어 보고 정확하게 발음할 수 있도록 한다. 그리고 운동회에서 볼 수 있는 여러 가지 운동 종목과 응원하는 말을 익힌다.
3차시	운동회 모습을 보고 운동 종목에 맞는 한자 스티커를 붙이게 하고 내가 잘하는 운동 종목이 무엇인지 발표하게 한다. 그리고 '快'를 이용한 어휘를 익히도록 한다.
4차시	정도를 나타내는 '得'의 쓰임을 익히고 중국 학교의 소풍(현장 체험학습)에 대해 알아본다. 또 운동회를 생각하며 '运动歌'를 신나게 불러 본다.

第四课　**加油!**

 **학습목표**
- 운동 경기에서 사용하는 여러 가지 표현을 알 수 있다.
- 본문 문장에 나온 단어의 뜻을 알고, 읽고 쓸 수 있다.

도입 ┄┄┄ ■ **동기 유발**

❶ 운동회 경험을 발표하도록 한다.

> 교사 ▷ 운동회에서 가장 기억에 남는 것을 말해 볼까요?
> 학생1 ▷ 우리 반이 이어달리기에서 1등한 일이요.
> 학생2 ▷ 우리 팀이 단체 경기에서 아슬아슬하게 이긴 일도 있어요.
> 학생3 ▷ 여러 가지 민속놀이를 하고, 신나게 응원하던 일이요.

❷ 이번 과에서는 운동회나 운동 경기에서 쓰이는 표현을 배울 것임을 알린다.

■ **학습 내용 확인하기**

- 운동 경기에서 사용하는 여러 가지 표현을 익힌다.
- 본문의 새 단어를 익힌다.

전개 ┄┄┄ ■ **이 단원에서 배울 내용 알아보기**

❶ 그림을 보고 이번 시간에 배울 내용이 무엇인지 살펴보도록 한다.

> 교사 ▷ 34쪽과 35쪽의 그림은 학생들이 무엇을 하는 그림인가요?
> 학생 ▷ 운동회입니다.
> 교사 ▷ 우리나라 운동회(체육발표회)와 같은 점은 무엇인가요?
> 학생 ▷ 친구들이 응원도 하고, 달리기도 하고, 멀리뛰기도 합니다.
> 교사 ▷ 우리나라 운동회와 다른 점은 무엇인가요?
> 학생 ▷ 체육복에 붉은색 스카프를 맸습니다. 우리가 하는 운동 경기와 다른 것이 있습니다. 악기 연주로 응원을 하기도 합니다.
> 교사 ▷ 이번 단원에서 배울 내용은 운동회나 운동 경기에서 사용하는 표현입니다.

■ **본문**

❶ CD를 두 번 들려 준다. (CD-21)

❷ 본문의 내용을 이해했는지 살펴본다.

> 교사 ▸ 운동회를 알 수 있는 단어는 무엇인가요?
>
> 학생 ▸ 比赛, 跑, 加油
>
> 교사 ▸ 본문의 내용으로 알 수 있는 경기 종목은 무엇인가요?
>
> 학생 ▸ 달리기입니다.
>
> 교사 ▸ '힘내!'라는 말을 중국어로 무엇이라고 하나요?
>
> 학생 ▸ 加油!

❸ 본문의 중요 표현을 살펴본다.

> 교사 ▸ '우리 빨리 가자'를 중국어로 어떻게 말할까요?
>
> 학생 ▸ 我们快走吧。
>
> 교사 ▸ '他跑得多快啊!'를 우리말로 뭐라고 할까요?
>
> 학생 ▸ 쟤 정말 빨리 뛴다.
>
> 교사 ▸ 응원할 때 '힘내라, 힘내'라는 말을 중국어로 어떻게 말할까요?
>
> 학생 ▸ 加油! 加油!

❸ CD를 다시 듣고 본문의 내용을 익히도록 한다. (CD-21)

> • CD를 일시정지 기능을 이용하여 한 문장씩 따라 읽게 하되, 운동회의 느낌이 나도록 실감나게 읽어 보도록 한다.
> • 전체 학생을 두 모둠으로 나누어(남·여, 짝꿍 등으로 다양하게 나누기) 묻고 답한다.
> • 잘하는 학생 몇 명을 뽑아 딩딩, 동동 역할을 맡게 한다.

■ **단어**

❶ CD를 들으며 따라 읽고 단어를 눈으로 익히도록 한다. (CD-22)

❷ 단어의 한자와 병음을 써서 보여 준다.

> • 칠판에 병음을 쓸 수 있도록 네 줄을 그린 뒤 한어병음과 성조를 줄에 맞추어 쓰고, 바로 아래에 해당 한자를 바르게 쓴다.
> • 한자를 쓸 때는 정자로 순서를 강조하며 써서 보여 주고 따라 쓰게 한다.

 ・'加'를 쓸 때 첫 번째 획은 'ㄱ'가 됨을 강조한다. 많은 학생들이 '삐침(ノ)'을 첫 번째 획으로 쓰는 경우가 많다.

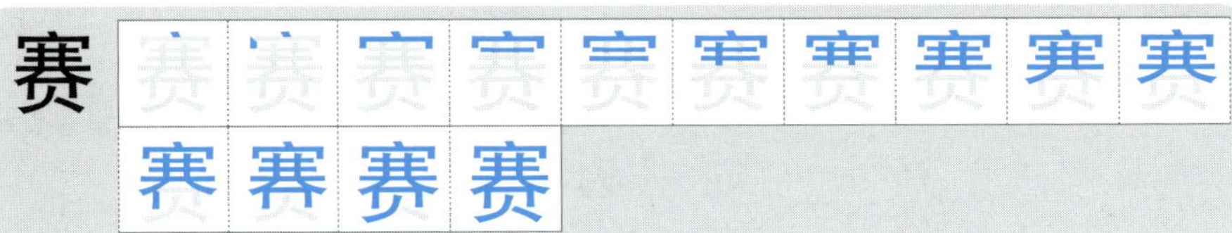

・'比'는 왼쪽과 오른쪽의 모양이 비슷하지만 쓰는 방법은 분명히 다르므로 필획의 모양을 꼭 강조하여 쓰도록 한다. 첫 번째 획은 '가로획(一)'이고 세 번째 획은 오른쪽 위에서 왼쪽 아래로 삐쳐 내려쓰는 '삐침획(ノ)'이 된다. 네 번째 획에는 갈고리 모양이 있도록 써야 함도 함께 강조한다.

・'賽'를 쓸 때는 '宀' 아래에 가로획이 세 개임을 강조하되, 가로획 두 개를 먼저 쓰고 세로획 두 개를 쓴 뒤 다시 가로획으로 아래를 막게 됨을 알려 준다.

・'开'를 쓸 때는 세 번째 획은 '삐침(ノ)'이고 네 번째 획은 '세로획(ㅣ)'이므로 모양이 다름을 강조한다.

❸ 단어의 쓰임을 알아본다.

・'加油'의 원래 뜻은 '기름을 더하다, 기름을 넣다'의 뜻임을 함께 알려 준다. 요리를 할 때 기름을 더하거나, 자동차에 기름을 넣을 때 쓰는 말로, 주유소를 '加油站[zhàn]'이라고 한다. 이 말을 응원할 때 쓰는 이유는 불에 기름을 더하면 불길이 더욱 세지듯이 힘을 더 내라는 뜻으로 쓰기 위함이다. 평소에 시험을 못 보았거나, 힘든 일이 있는 사람한테도 물론 쓸 수 있는 표현이다.

・'比赛'는 여러 운동 이름 뒤에 붙여 '~경기'라는 뜻으로 쓴다.

足球[zúqiú]比赛	棒球[bàngqiú]比赛	篮球[lánqiú]比赛	拔河[báhé]比赛
축구 경기	야구 경기	농구 경기	줄다리기 경기

・'开始'를 설명할 때는 '准备[zhǔnbèi] 준비하다'를 함께 알려 준다. 우리말과 같이 보통 '준비, 시작!'이라고 할 때 쓸 수 있는 표현으로, 보통 학생들이 수업 중에 책 읽기나 외우기를 시작할 때 쓰면 좋다. '开始'의 반대말로 '结束[jiéshù] 끝나다'도 함께 설명한다.

・'多'는 그 뒤에 여러 가지 형용사를 붙여 묻는 말을 나타내기도 하고, 조사 '啊'를 함께 붙여 감탄의 뜻을 나타내기도 한다.

多高?	多快?	多远?	多重?
얼마나 높아?	얼마나 빨라?	얼마나 멀어?	얼마나 무거워?

<table>
<tr><td>多高(啊)!
얼마나 높은가!</td><td>多快(啊)!
얼마나 빠른가!</td><td>多远(啊)!
얼마나 먼가!</td><td>多重(啊)!
얼마나 무거운가!</td></tr>
</table>

❹ CD를 다시 한 번 듣고 따라 읽도록 한다. (CD-22)

정리

■ 배운 내용 확인하기

● 본문 네 문장을 해석과 함께 천천히 반복하여 읽어 주거나 교사가 우리말로 말하면 학생들이 중국어로, 교사가 중국어로 말하면 학생들이 우리말로 표현하도록 한다.

■ 과제 제시

● 오늘 배운 단어의 병음과 한자를 각각 다섯 번씩 쓰기
● '比赛'가 들어가는 어휘와 '多'가 들어가는 어휘 다섯 번씩 읽기

■ 다음 시간 학습 내용 알려 주기

● 성조가 바뀌는 '不'를 연습한다.
● 운동회에서 볼 수 있는 여러 가지 운동 종목과 응원하는 말을 익힌다.

■ 교사의 다음 시간 준비

● 팀 이름을 적은 카드(韩国队, 中国队, 红队, 蓝队, 我们班, △班, ○○学校 등등)

第四课  **加油!**

 학습목표
- ⊙ 상황에 따라 성조가 바뀌는 '不'를 정확하게 발음할 수 있다.
- ⊙ 운동회에서 볼 수 있는 여러 가지 운동 종목과 응원하는 말을 사용할 수 있다.

도입 ┈┈ ■ **동기 유발**

❶ 전체 학생을 두 모둠으로 나누어 번갈아가며 한 번씩 우리나라의 운동회 종목 이름을 말하도록 한다.

> 모둠1〉 개인 달리기
> 모둠2〉 줄다리기
> 모둠1〉 이어달리기
> 모둠2〉 공 굴리기
> ……

❷ 어느 모둠이 더 많이 말할 수 있는지 해 본 뒤, 교사가 내는 수수께끼에 해당하는 운동회 종목이 무엇인지 알아맞히도록 한다.

> 교사〉 잘 나가다가 한 번 떨어뜨리면 지게 되는 경기는?
> 학생〉 이어달리기
> 교사〉 빨리 깨지면 빨리 깨질수록 좋은 경기는?
> 학생〉 박 터뜨리기
> 교사〉 뒤로 많이 가는 팀이 이기는 경기는?
> 학생〉 줄다리기

❸ 이번 시간에는 응원하는 말과 운동회 종목 이름을 익힐 것임을 알린다.

전개 ┈┈ ■ **학습 내용 확인하기**

- ● 상황에 따라 성조가 바뀌는 '不'를 정확하게 발음한다.
- ● 운동회의 여러 종목 이름과 응원할 때 쓰는 말을 익힌다.

■ 念一念

❶ CD를 들려 주고, 학생들에게 들은 대로 발음해 보도록 한다. (CD-23)

❷ 먼저 '不'의 원래 성조가 4성임을 강조하여 설명한다. 그 4성이 뒤에 또 4성의 음절이
오게 되면 자연스럽게 발음하기 위해 '不'를 2성으로 바꾸어 발음하게 됨을 설명한다.

> 유의 책에 따라 4성 앞에 쓰인 '不'의 성조 표시를 원래 성조인 4성으로 하는 경우가 있다. 이 경우에도 발음은
> 꼭 2성으로 해야 함을 강조한다.

❸ 다른 성조로 발음되는 경우를 더 연습해 보도록 한다.

4성으로 발음	뒤에 1, 2, 3성이 올 때	不吃 bù chī	不来 bù lái	不冷 bù lěng
2성으로 발음	뒤에 4성이 올 때	不会 bú huì	不去 bú qù	不要 bú yào
경성으로 발음	같은 동사 사이에 쓸 때	对不对 duì bu duì	好不好 hǎo bu hǎo	累不累 lèi bu lèi

■ 说一说 1

❶ CD를 두 번 들려 주고 교사의 물음에 대답하도록 한다. (CD-24)

> 교사 위의 내용으로 보아 한국 팀이 경기하고 있는 종목은 무엇이라고 생각하나요?
> 학생 축구입니다.
> 교사 '开始'와 반대되는 뜻을 가진 단어는 무엇일까요?
> 학생 '结束'입니다.
> 교사 '힘내라, 이겨라!'라는 말을 중국어로 어떻게 말하지요?
> 학생 '加油, 加油!'입니다.

❷ CD를 일시정지 기능을 이용하여 한 문장씩 따라 읽도록 한다. (CD-24)

❸ 팀을 나타내는 단어를 교사가 바꾸어 먼저 말하면 전체 학생이 큰 소리로 뒷부분을
말하도록 한다.

> 학생 比赛就要结束了。
> 교사 是啊。中国队怎么还不进球?
> 학생 中国队, 加油! 中国队, 加油!

■ 보충 학습

❶ CD를 한 번 듣고 학생들이 따라 읽도록 한다. (CD-25)

❷ 교사가 운동 종목의 첫 글자를 중국어로 말하면 전체 학생들이 이어서 나머지 글자를
말하도록 한다.

교사	接
학생	力跑
교사	两人
학생	三足

❸ 각 운동 종목의 규칙을 모르는 학생이 있을 경우 설명하고 중국 학교의 운동회 모습에 대해 간단하게 설명한다.

Tip; 중국 학교의 운동회

- 전체 학년을 청팀, 백팀 등으로 나누어 하지 않고 학년별로 반별 대항 운동회이다.
- 학년별 종목이 정해져 있고 반별로 대표 선수들이 경쟁하고 반 학생들이 자기 반 학생들을 응원한다.
- 반별로 총점으로 점수를 매긴 뒤 마지막에 점수가 높은 반부터 1·2·3등상을 준다.
- 봄 운동회는 보통 육상경기 위주로 가을 운동회는 보통 구기종목 경기 위주로 펼친다.
- 개인 달리기는 보통 하지 않는다.
- 운동장에 만국기는 달지 않고 색깔 있는 깃발을 깃대에 꽂아 운동장 둘레에 세워 놓는다.

说一说 2

❶ 먼저 교사가 팀 이름이 적힌 카드를 보여 주며 운동 경기 이름을 여러 가지로 바꿔 말하면 전체 학생들이 그 팀 이름을 넣어 응원하는 말을 연습하도록 한다.

교사	(한국 팀 카드를 보여 주며) 接力赛就要开始了。
학생	韩国队, 加油! 韩国队, 加油!
교사	(△班 카드를 보여 주며) 篮球比赛就要开始了。
학생	△班, 加油! △班, 加油!

❷ 전체 학생을 두 모둠으로 나누고 각 모둠에게 팀 이름을 몇 개씩 쓰도록 하고 대표 학생 한 명을 뽑는다.

❸ 대표 학생이 카드를 들고 앞으로 나와서 그 카드를 상대 모둠에게 보여 주면서 말을 하면 상대 모둠 학생들이 응원하는 말을 하도록 한다. 한 모둠에 한 번씩 돌아가며 누가 큰 소리로 응원하는지 시합해 본다.

모둠1 대표학생	(중국 팀 카드를 보여 주며) 比赛就要开始了。
모둠2 학생	中国队, 加油! 中国队, 加油!
모둠2 대표학생	(○○팀 카드를 보여 주며) 比赛就要开始了。
모둠1 학생	○○队, 加油! ○○队, 加油!

유의 응원하는 말을 꼭 정해진 대로 할 필요는 없다. 재미나게 하는 팀에게 점수를 많이 주면 여러 가지 흥미로운 구호가 나올 수도 있다.
例 韩国, 韩国, 韩国, 加油! 加油! 加油!

■ 배운 내용 확인하기

- 상황에 따라 성조가 바뀌는 '不'를 다시 발음해 본다.

- 운동 경기를 할 때 쓰는 말을 교사가 우리말로 말하면 학생들이 중국어로 표현하도록 유도한다.

> 경기가 곧 시작해. ⇔ 比赛就要开始了。
>
> 한국 팀, 이겨라! 한국 팀, 이겨라! ⇔ 韩国队, 加油! 韩国队, 加油!
>
> 경기가 곧 끝날 텐데. ⇔ 比赛就要结束了。
>
> 중국 팀, 힘내라! 중국 팀, 힘내라! ⇔ 中国队, 加油! 中国队, 加油!

■ 과제 제시

- 念一念의 단어 각각 세 번씩 읽으며 쓰기(한자와 병음 모두)

- 보충 학습에 나오는 여러 가지 운동 종목 다섯 번씩 읽고 부모님 확인 받기

■ 다음 시간 학습 내용 알려 주기

- 운동 종목과 '快'를 이용한 문제를 푼다.

■ 교사의 다음 시간 준비

- 운동 종목 중국어 카드(부록에 나오는 것을 A4 용지 크기로 확대 복사하거나 학생들이 배운 다른 운동 종목을 직접 써서 만든 것)

第四课  加油!

학습목표
- 운동 종목을 중국어로 읽고 뜻을 알 수 있다.
- '快'의 쓰임을 알 수 있다.

도입

■ **동기 유발**

❶ 교사가 학생 이름 가운데 한 명을 중국어로 부르면 그 학생이 일어나고 다른 학생들은 다 함께 큰 소리로 '加油!'라고 말하도록 한다. 이때 교사가 이름을 한 번 부르면 학생들도 '加油!'를 한 번만, 교사가 여러 번 부르면 학생들도 '加油'를 그 부른 수만큼 말하도록 한다.

> **교사** ○○○
> **학생** 加油!
> **교사** △△△, △△△, △△△
> **학생** 加油, 加油, 加油!

❷ 교사가 전체 학생들에게 '同学门, 学习汉语也要加油!(학생 여러분, 중국어 공부도 힘내세요!)'라고 격려해 주고 수업을 시작한다.

> **유의** '加油'라는 말을 운동 경기뿐만 아니라 생활 중에서도 쓸 수 있다는 것을 말해 준다.

■ **학습 내용 확인하기**

● 운동 종목을 중국어로 읽고 뜻을 안다.

● '快'의 쓰임을 배운다.

전개

■ **做一做 1**

❶ 운동회 모습 보고 운동 종목에 맞는 스티커 붙이기

> **교사** 운동회 모습을 보고 운동회 경기 종목을 우리말로 말해 볼까요?
> **학생** 이어달리기, 줄다리기, 2인3각 달리기, 캥거루 달리기, 풍선 밟기

❷ 그림에 나오는 운동회 종목을 교사가 먼저 읽고 학생들이 따라 읽도록 한다.

❸ 운동회 그림에 알맞은 한자 스티커를 붙이도록 한다.

❹ 학생들이 다 붙였으면 다시 전체 학생들이 한자를 보고 함께 큰 소리로 읽도록 한다.

■ 做一做 2

❶ 운동 종목 이름을 교사가 말하거나 운동 종목 카드를 보여 주면 학생들이 그 운동을 잘하는 나라 이름을 중국어나 우리말로 말하도록 한다.

> 교사▶ 단거리 달리기를 잘하는 나라는 어디일까요?
> 학생▶ 美国, 자메이카 …
> 교사▶ ('乒乓球' 카드를 보여 주며) 哪个国家很会打呢? (어느 나라가 잘 칠까요?)
> 학생▶ 中国, 韩国
> 교사▶ ('足球' 카드를 보여 주며) 哪个国家很会踢[tī]呢? (어느 나라가 잘 찰까요?)
> 학생▶ 巴西, 아르헨티나, 英国 …

❷ 그림에 알맞는 운동 경기 이름과 그 운동을 잘하는 나라 이름을 선으로 연결하도록 한다.

■ 做一做 3

❶ '快'를 이용하여 '빨리 ~하다'는 뜻의 말을 만든다.

> 교사▶ 보기에 나오는 한자의 뜻을 말해 볼까요?
> 학생▶ '开'는 '운전하다', '跑'는 '달리다', '吃'는 '먹다', '写'는 '쓰다'입니다.
> 교사▶ 각 그림은 무엇을 하는 그림인지 말해 봅시다.
> 학생▶ 빨리 먹는 강아지, 빨리 달리는 말, 빨리 쓰는 딩딩, 빨리 달리는 자동차입니다.

❷ 빈칸에 알맞은 한자를 [보기]에서 찾아 쓰도록 한다.

❸ '快'를 동사 앞에 쓰는 경우는 보통 명령문에서 많이 쓰이므로 예를 들어 설명하도록 한다.

빨리 먹어!	빨리 달려!	빨리 써!	빨리 몰아!
快(一点)吃!	快(一点)跑!	快(一点)写!	快(一点)开!

> 유의 '一点'을 쓰지 않을 경우 무례한 표현이 되기 쉬우므로 학생들에게는 '一点'을 넣어서 가르치는 것이 좋으며, 윗사람에게는 이런 표현을 쓰지 않도록 한다.

❹ 그림에 나오는 내용을 중국어로 표현할 경우에는 '得'을 이용하여 표현하는 것이 가장 자연스러운 표현이 됨을 함께 설명하도록 한다.

<table>
<tr><td>강아지가
빨리 먹는다.</td><td>검은 말이
빨리 달린다.</td><td>딩딩이
빨리 쓴다.</td><td>자동차가
빨리 달린다.</td></tr>
<tr><td>小狗吃得很快。</td><td>黑马跑得很快。</td><td>丁丁写得很快。</td><td>车子开得很快。</td></tr>
</table>

정리

■ 과제 제시

- '快吃, 快跑, 快写, 快开'를 세 번씩 쓰고 읽기

■ 다음 시간 학습 내용 알려 주기

- 정도를 나타내는 '得'의 쓰임을 익힌다.
- 중국 학교 문화(봄 소풍, 가을 소풍)를 알아보고, 노래 '运动歌'를 부른다.

■ 교사의 다음 시간 준비

- 그림(사진) : A4 용지 크기의 치타, 독수리, 거북이, 캥거루
- 한자 카드 : 快, 高, 慢, 远

第四课 加油！

학습목표
- 정도를 나타내는 '得'의 쓰임을 알 수 있다.
- 노래를 통해 운동회와 관련된 문장을 익힐 수 있다.

도입

■ **동기 유발**

❶ 교사가 준비한 치타, 독수리, 거북이, 캥거루 그림의 일부분(다리나 얼굴 등)을 1~2초 동안 잠깐 보여 주고 어떤 동물인지 맞히도록 한다.

❷ 교사가 快, 高, 慢, 远 한자 카드를 보여 주며 뜻을 묻고 학생들이 대답하도록 한다.

❸ 치타, 독수리, 거북이, 캥거루 그림을 보여 주며 그 그림과 관계있는 한자를 찾아 보도록 한다.

> 교사 ― (치타 그림의 일부를 보여 주며) 이 동물과 관계있는 한자와 그 이유를 말해 볼까요?
>
> 학생 ― 치타는 빨리 달리는 동물이기 때문에 '快'와 관계가 있습니다.
>
> 교사 ― (독수리 그림의 일부를 보여 주며) 이 동물과 관계있는 한자와 그 이유를 말해 볼까요?
>
> 학생 ― 독수리는 높이 날기 때문에 '高'와 관계가 있습니다.
>
> 교사 ― (거북이 그림의 일부를 보여 주며) 이 동물과 관계있는 한자와 그 이유를 말해 볼까요?
>
> 학생 ― 거북이는 느리게 걷기 때문에 '慢'과 관계가 있습니다.
>
> 교사 ― (캥거루 그림의 일부를 보여 주며) 이 동물과 관계있는 한자와 그 이유를 말해 볼까요?
>
> 학생 ― 캥거루는 멀리 뛰기 때문에 '远'과 관계가 있습니다.

■ **학습 내용 확인하기**

● 정도를 나타내는 '得'의 쓰임을 안다.

● 노래를 통해 운동회와 관련된 문장을 익힌다.

전개

■ **练一练**

❶ 먼저 정도를 나타내는 '得'의 쓰임을 교사가 우리말 해석과 함께 설명한 뒤 크게 한 번

읽고 학생들이 따라 읽도록 한다.

빨리 달린다 (달리는 게 빠르다)	높이 난다 (나는 게 높다)	느리게 긴다 (기는 게 느리다)	멀리 뛴다 (뛰는 게 멀다)
跑得快	飞得高	爬得慢	跳得远

❷ 칠판에 아래 문장을 쓰고 ( ) 안에 알맞은 단어를 쓰고 우리말로 발표하도록 한다.

> 猎豹跑得多(快)啊!　　　　　老鹰飞得多(高)啊!
>
> 乌龟爬得多(慢)啊!　　　　　袋鼠跳得多(远)啊!

❸ 네 문장을 교사가 감탄의 느낌을 살려 읽고 전체 학생들도 실감나게 따라 읽도록 한다.

❹ 생활에서 자주 쓰이는 '得'가 들어 있는 문장을 몇 개 더 예를 들어 주도록 한다.

> • 老师, 你说得太快了。请说慢一点, 好吗? (선생님, 말씀이 너무 빨라요. 좀 천천히 말씀해 주세요.)
> • ○○, 你做得很好! (○○야, 너 정말 잘 했구나!)
> • △△, 你今天来得真早! (△△야, 너 오늘 정말 일찍 왔구나!)

■ 看一看

❶ 학생들이 큰 소리로 읽도록 한다.

❷ [우리나라와 중국의 소풍(현장 체험학습)] 비교 자료를 보여 주면서 부가적인 설명과 함께 학생들의 이해를 돕도록 한다.

	우리나라	중국
명칭	현장 체험학습	春游[yóu](봄소풍), 秋游(가을소풍)
시기	봄, 가을	봄, 가을
회수	연 2회	연 2회
교통편	차량(가이드 없음)	차량(가이드 있음)
장소	공원, 과학관, 동 • 식물원, 체험시설	우리나라와 비슷 (혁명유적지 탐방 등도 있음)
점심	도시락(김밥 등)	빵, 우유, 과자 등

■ 唱一唱

❶ 운동회를 생각하며 CD로 '运动歌' 노래를 들어 본다. (CD-26)

❷ 노랫말을 보고 교사가 묻고 학생들이 대답하도록 한다.

교사 ▶ '摸到太阳也不算高。'라고 표현한 이유는 무엇일까요?

학생 ▶ 태양에 닿을 만큼 높이 뛰어도 더 높이 뛰고 싶기 때문입니다.

교사 ▶ '小马也落在后面了。'라고 표현한 이유는 무엇일까요?

학생 ▶ 힘차게 달려 아기 말보다 더 빨리 달리게 되었다는 뜻입니다.

❸ CD의 단어를 두 번 들려 주고 정확하게 발음할 수 있도록 한다. (CD-27)

❹ '向'과 '往'에 대해 예를 들어 설명해 준다.

> 向, 往 : 둘 다 '〜를 향하여'라는 뜻으로 서로 바꾸어 쓸 수 있다.
>
> 예 往[向]前走   앞으로 가다
>
> 往[向]右转[zhuǎn]   오른쪽으로 돌다

❺ CD의 일시정지 기능을 이용하여 한 소절씩 따라 부르도록 하고 익숙해지면 전체를 이어서 부르도록 한다. (CD-27)

정리

과제 제시

● 본문 네 문장 외우기

● 워크북 4과 풀이해 오기

Tip; 운동 종목 알아맞히기 놀이

▶ 준비물 : 운동 종목 그림 카드(接力跑, 拔河, 两人三足, 袋鼠跳, 踩气球, 乒乓球, 跆拳道, 篮球, 足球, 游泳 : 앞에는 그림, 뒤에는 한자와 한어병음을 적은 것)

① 전체 학생을 5〜6명이 한 모둠이 되도록 나누고 모둠의 대표를 뽑는다.

② 교사가 한 모둠씩 주장에게 운동 종목 그림카드를 보여 준다.

③ 주장은 자기 모둠에게 말을 하지 않고 몸짓으로만 그 운동이 무엇인지 설명한다.

④ 운동 종목을 우리말로 맞히면 1점, 중국어로 맞히면 3점을 얻는 것으로 한다.

⑤ 한 모둠이 끝나면 다음 모둠이 같은 방식으로 하도록 한다.

⑥ 다 끝나고 많은 점수를 얻은 모둠이 이기는 것으로 한다.

유의 학생이 적으면 교사가 직접 운동 종목을 몸짓으로 보여 주고, 각 모둠의 학생들이 운동 종목을 알아맞히도록 할 수도 있다.

加油！加油！

◎ 응시 요령

1. 시험시간은 모두 30분입니다.

2. 문제지에 알맞은 답이나 한자를 쓰도록 합니다.

3. 듣기평가는 두 번 듣고 시험지에 답을 쓰도록 합니다.

4. 쓰기 평가는 반드시 간자체로 적도록 합니다.

_____학년 _____반   이름 : _____________

영역	매우 잘함(5)	잘함(4)	보통(3)	노력(2-0)
듣기				
말하기				
읽기				
쓰기				

※ 중간평가, 기말평가지는 www.jplus114.com 자료실에서 다운받으실 수 있습니다.

듣기

1. 선생님께서 들려 주시는 말을 잘 듣고 무엇을 축하하는지 고르세요.

① 합격　　　　② 이사
③ 결혼　　　　④ 승진
⑤ 생일

2. 선생님께서 들려 주시는 말을 잘 듣고 나의 장래 희망을 고르세요.

① 가수　　　　② 군인
③ 법관　　　　④ 의사
⑤ 과학자

3. 선생님께서 들려 주시는 말을 잘 듣고 사과 값으로 알맞은 것을 고르세요.

① 3元　　　　② 4元
③ 5元　　　　④ 6元
⑤ 7元

4. 선생님께서 들려 주시는 말을 잘 듣고 내가 좋아하는 운동을 고르세요.

① 수영　　　　② 농구
③ 탁구　　　　④ 달리기
⑤ 태권도

5. 선생님께서 들려 주시는 말을 잘 듣고 아빠가 일하는 곳을 고르세요.

① 학교　　　　② 병원
③ 식당　　　　④ 회사
⑤ 소방서

말하기

6. 다음 대화에서 B의 대답으로 알맞은 것을 고르세요.

> A : 祝你生日快乐！
> B : _____________

① 谢谢！　　② 不客气！　　③ 对不起！
④ 没关系！　　⑤ 没什么！

7. 다음 그림에 대한 설명으로 알맞은 것을 고르세요.

① 她看病。　　② 她救火。
③ 她做菜。　　④ 她开车。
⑤ 她画画儿。

8. 다음 대화에서 빈칸에 들어갈 말로 알맞은 것을 고르세요.

> A : _____________
> B : 三百块钱。
> A : 太贵了，能不能便宜一点儿？
> B : 那二百七吧。

① 你几岁？　　　　② 多少钱？
③ 现在几点？　　　④ 你叫什么名字？
⑤ 今天几月几号？

9. 밑줄 친 우리말을 중국어로 바르게 옮긴 것을 고르세요.

> A : 쟤 정말 빨리 뛴다!
> B : 힘내라, 힘내!

① 他得跑多快啊！　　② 他跑多得快啊！
③ 他跑得快多啊！　　④ 他跑得多快啊！
⑤ 他快跑得多啊！

10. 다음 글에서 알 수 있는 할머니의 기분을 나타낸 말을 고르세요.

> Wǒ zuótiān zài shìchǎng mǎi le yí jiàn yīfu hé liǎng shuāng wàzi. Nǎinai kàn le shuō : "Zhēn shì hǎokàn le! Yígòng duōshao qián mǎi de?"

① 섭섭하다　　　② 불만스럽다
③ 관심이 없다　　④ 그저 그렇다
⑤ 아주 만족스럽다

11. 밑줄 친 부분에 공통으로 들어 있는 성조를 고르세요.

妈妈　　　爷爸　　　姐姐

① 제1성　　　② 제2성　　　③ 제4성
④ 제3성　　　⑤ 경성

12. 다음 그림이 나타내는 단어의 발음을 고르세요.

① qiú　② niú　③ liú　④ jiú　⑤ xiú

13. 다음 그림이 나타내는 단어에 공통으로 들어 있는 발음을 고르세요.

① rén　② jiā　③ shī　④ yuán　⑤ shǒu

14. 다음 두 단어에 공통으로 들어 있는 발음을 고르세요.

快乐　　　　　筷子

① le　　　　　② zi　　　　　③ tou
④ kuài　　　　⑤ guài

15. 병음자모를 조합하여 만들 수 있는 단어를 고르세요.

d	x	i	g	ō	n

① 책　　　　　　② 물건
③ 오리　　　　　④ 이름
⑤ 돌멩이

16. 빈칸에 공통으로 들어갈 글자를 한자로 쓰세요.

- 你爸爸做＿＿＿＿＿工作?
- 长大你想当＿＿＿＿?

➡ 

※ 빈칸에 공통으로 들어갈 글자를 한자로 쓰세요. [17~18]

17.

화가	과학자
画＿＿	科学＿＿

➡ 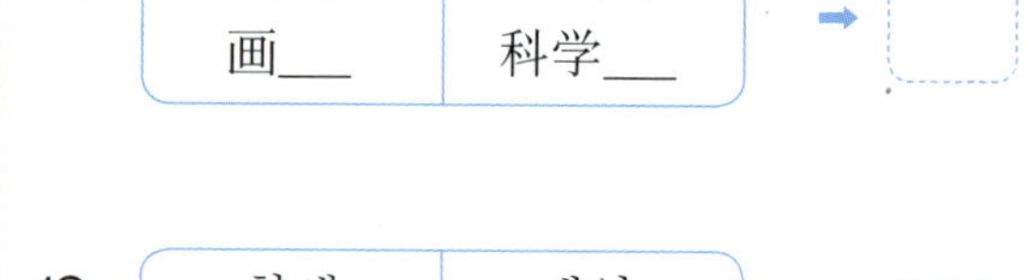

18.

학생	생일
学＿＿	＿＿日

➡

19. 밑줄 친 부분의 병음을 한자로 바르게 쓰세요.

韩国队<u>jiāyóu</u> !

➡ _______________________

20. 밑줄 친 부분의 우리말을 한자로 바르게 쓰세요.

A : <u>좀 깎아 주세요</u>?
B : 好, 四块八毛。

➡ _______________________?

5 今天你学了什么?

오늘 뭐 배웠니?

단원 특성
이 단원에서는 자신이 배운 교과목을 소개하는 표현을 익힌다. 또 3성과 3성이 이어서 나오는 경우의 성조 변화를 배우고, 여러 가지 교과목을 나타내는 어휘에 대해 학습한다.

차시	학습 내용
1차시	본문을 통해 배운 과목과 배운 내용을 묻고 답하는 표현을 익히도록 한다. 그리고 본문 문장에 나온 단어의 뜻과 읽고 쓰는 법을 알게 한다.
2차시	3성과 3성이 연이어 나올 때 나타나는 성조의 변화를 확실히 구분할 수 있도록 한다. 그리고 과목을 나타내는 단어를 다양하게 바꾸어 넣어가며 말하기 연습을 한다.
3차시	자기가 좋아하는 과목으로 시간표를 만들어 여러 과목의 이름을 복습하고, 시간표를 보며 서로 묻고 대답할 수 있도록 한다.
4차시	섞여 있는 여러 한자에서 과목 이름을 찾아 써 보고, 중국의 개학식과 졸업식을 살펴본다. 그리고 노래를 통해 여러 과목의 이름을 복습하도록 한다.

第五课　# 今天你学了什么？

⊙ 본문의 표현을 알아듣고 말할 수 있다.
⊙ 본문 문장에 나온 단어의 뜻을 알고, 읽고 쓸 수 있다.

도입

■ **동기 유발**

❶ 좋아하는 과목을 발표하도록 한다.

> 교사 〉 자기가 가장 좋아하는 과목을 말해 볼까요?
> 학생1 〉 국어요.
> 학생2 〉 체육이요.
> 학생3 〉 미술이요.

❷ 혹시 중국어로 말할 수 있는 학생이 있으면 말하도록 한 뒤 격려한다.

❸ 학생들이 말한 과목을 칠판에 우리말로 쓴 뒤, 그 과목 이름들이 사실은 모두 한자어임을 얘기하고 중국어로 그 옆에 써 준다.

> 교사 〉 과학 → 科学　　체육 → 体育　　미술 → 美术

❹ 이번 과에서는 배운 과목과 배운 내용을 중국어로 말하는 방법을 배울 것임을 알린다.

■ **학습 내용 확인하기**

● 학교에서 배운 과목과 내용을 묻고 답하는 표현을 익힌다.

● 본문의 새 단어를 익힌다.

전개

■ **이 단원에서 배울 내용 알아보기**

❶ 그림을 보고 이번 시간에 배울 내용이 무엇인지 살펴보도록 한다.

> 교사 〉 42쪽과 43쪽의 그림은 무엇을 하는 그림인가요?
> 학생 〉 쉬는 시간에 학생들끼리 이야기하는 그림입니다.

교사 ▷ 무엇에 대해 이야기를 하고 있나요?

학생 ▷ 무슨 수업을 했고 무엇을 배웠는지 묻고 대답하고 있습니다.

교사 ▷ 이번 단원에서 배울 내용은 학교에서 배운 과목과 내용을 말할 때 쓰는 표현입니다.

■ 본문

❶ CD를 두 번 들려 준다. (CD-28)

❷ 본문의 내용을 이해했는지 살펴본다.

교사 ▷ 동동은 오늘 오후에 무슨 수업을 했나요?

학생 ▷ 중국어 수업을 했습니다.

교사 ▷ 수업 시간에 배운 내용은 무엇인가요?

학생 ▷ 한어병음과 성조입니다.

❸ 본문의 중요 표현을 살펴본다.

교사 ▷ '무슨 수업을 했니?'를 중국어로 어떻게 말할까요?

학생 ▷ 你上了什么课?

교사 ▷ '你学了什么?'를 우리말로 뭐라고 할까요?

학생 ▷ 너 무엇을 배웠니?

유의 학생들은 보통 '上课'를 우리말의 '수업하다'라는 한 단어로 이해하여 '上'과 '课'를 떼어서 쓸 수 있다는 생각을 못하는 경우가 많다. 사실은 '上'에는 '어떤 활동을 하다'라는 뜻이 있으므로 '중국어 수업을 하다'의 경우 '上'과 '课' 사이에 '중국어'를 넣어서 쓸 수 있다는 것을 설명해 준다.

❹ CD를 다시 듣고 본문의 내용을 익히도록 한다. (CD-28)

> • CD를 일시정지 기능을 이용하여 한 문장씩 따라 읽게 하되, 궁금한 것을 알고 싶어하는 느낌이 드러나도록 실감나게 읽어 보도록 한다.
> • 전체 학생을 두 모둠으로 나누어(남·여, 짝꿍 등으로 다양하게 나누기) 묻고 답한다.
> • 잘하는 학생 몇 명을 뽑아 딩딩, 동동 역할을 맡게 한다.

■ 단어

❶ CD를 들으며 따라 읽고 단어를 눈으로 익히도록 한다. (CD-29)

❷ 단어의 한자와 병음을 써서 보여 준다.

> • 칠판에 병음을 쓸 수 있도록 네 줄을 그린 뒤 한어병음과 성조를 줄에 맞추어 쓰고, 바로 아래에 해당 한자를 바르게 쓴다.
> • 한자를 쓸 때는 정자로 순서를 강조하며 써서 보여 주고 따라 쓰게 한다.

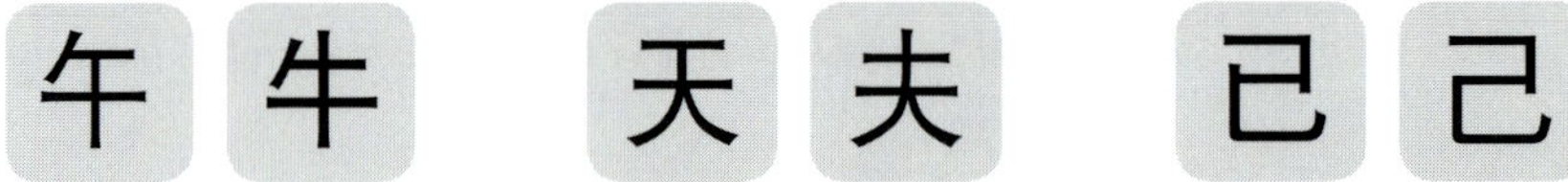

・'声'을 쓸 때는 '삐침획(丿)'을 가장 나중에 쓰도록 강조한다. 인터넷을 이용해 필순을 찾아 보여 주면
학생들의 흥미를 더욱 높일 수 있다.

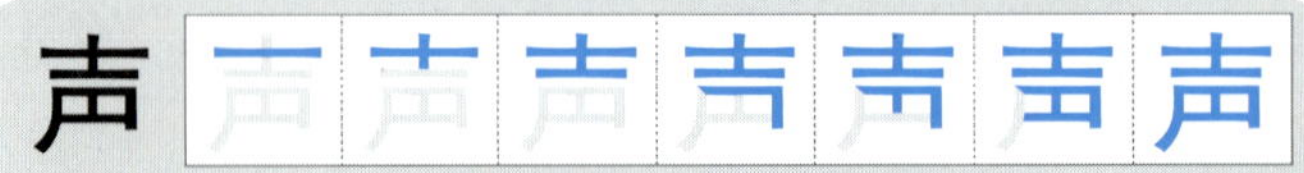

❸ 단어의 쓰임을 알아본다.

> ・'下午'를 설명할 때는 '上午(오전)'와 '中午(낮)'도 함께 비교하여 설명해 준다.
>
> ・'中文'을 설명할 때는 뒤에 '文'이 들어가는 외국어 이름 몇 개를 더 알려 주어 학생들의
> 이해를 돕도록 한다.
>
> | 韩文 | 英文 | 日文 | 德文 | 法文 |
> |---|---|---|---|---|
> | Hánwén | Yīngwén | Rìwén | Déwén | Fǎwén |
> | 한국어 | 영어 | 일본어 | 독일어 | 프랑스어 |
>
>

❹ CD를 다시 한 번 듣고 따라 읽도록 한다. (CD-29)

■ 배운 내용 확인하기

● 본문 네 문장을 해석과 함께 천천히 반복하여 읽어 주거나 교사가 우리말로 말하면
학생들이 중국어로, 교사가 중국어로 말하면 학생들이 우리말로 표현하도록 한다.

● 본문에서 가장 중요한 문장을 하나 골라 묻고 대답하도록 한다.

교사 ▷ '오늘 무엇을 배웠니?'를 중국어로 말해 볼까요?

학생 ▷ 今天你学了什么?

■ 과제 제시

● 오늘 배운 단어의 병음과 한자를 각각 다섯 번씩 쓰기

● 학교에서 배운 과목과 내용을 묻고 대답하는 표현 익혀 오기

■ 다음 시간 학습 내용 알려 주기

● 3성과 3성이 연이어 나올 때 나타나는 성조의 변화를 배울 것임을 알린다.

- 여러 과목을 나타내는 단어를 배울 것임을 알린다.

■ 교사의 다음 시간 준비

- 부록에 나온 과목 이름 카드를 A4 크기로 복사한 것
- 주사위 3개(가로 세로 30cm 정사각형) : 하나는 숫자 1~6을 쓴 주사위, 나머지 둘은 빈칸으로 된 주사위

第五课　今天你学了什么?

학습목표

⊙ 3성과 3성이 연이어 나올 때 나타나는 성조의 변화를 확실히 구분하여 발음할 수 있다.
⊙ 배운 과목을 바꾸어 넣어가며 대화를 주고받을 수 있다.

도입

■ 동기 유발

❶ 학생들에게 3성으로 된 중국어 한 글자씩을 말하도록 하고 교사가 그 글자들을 칠판에 쓴다.

> 예　很 / 鸟 / 小 / ……

❷ 칠판에 쓴 글자 가운데 둘을 합쳐서 한 단어나 짧은 문장이 되는 것들이 있는지 물어 보고 발표하도록 한 뒤, 교사가 그 단어들을 한어병음으로 칠판에 쓰도록 한다.

교사 ▷ 이 글자들 가운데 둘을 합쳐서 한 단어나 짧은 문장이 되는 것들이 있나요?
학생1 ▷ 小鸟
학생2 ▷ 口水
학생3 ▷ 你好
……
교사 ▷ (칠판에 한어병음으로) xiǎoniǎo / kǒushuǐ / nǐ hǎo / ……

❸ 이번 시간에는 3성과 3성이 연이어 나올 때 나타나는 성조 변화에 대해 배울 것임을 알린다.

■ 학습 내용 확인하기

● 3성과 3성이 연이어 나올 때 나타나는 성조를 정확하게 발음한다.
● 배운 과목을 바꾸어 넣어가며 대화를 나눈다.

■ 念一念

❶ CD를 들려 주고, 학생들에게 들은 대로 발음해 보도록 한다. (CD-30)

❷ 칠판에 'nǐ hǎo'를 크고 그 아래에 2성과 3성의 표시를 크게 해준 뒤 교사가 읽어 주고 학생들이 큰 소리로 따라 읽도록 한다.

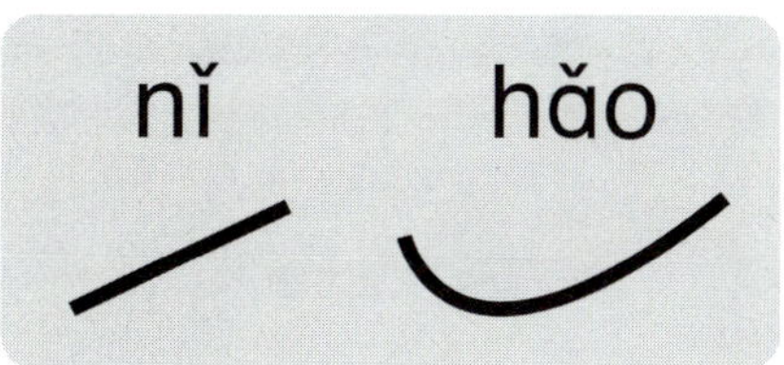

❸ 'hěn'과 'xiǎo'가 들어가는 말을 칠판에 나누어 쓰고 다른 글자와 짝 맞추어 읽으며 성조 변화를 연습한다.

hěn – hǎo 好	xiǎo – niǎo 鸟
hěn – zǎo 早	xiǎo – gǒu 狗
hěn – shǎo 少	xiǎo – mǎ 马

■ 说一说 1

❶ CD를 두 번 들려 주고 교사의 물음에 대답하도록 한다. (CD-31)

교사► 위의 내용으로 보아 오늘 몇 시간 수업을 했나요?

학생► 다섯 시간입니다.

교사► 배운 과목은 무엇과 무엇인가요?

학생► 과학과 사회입니다.

교사► '下午'와 반대되는 뜻을 가진 단어는 무엇일까요?

학생► '上午'입니다.

교사► '한 시간, 두 시간'처럼 수업을 세는 단위는 중국어로 무엇일까요?

학생► '节'입니다.

❷ CD를 일시정지 기능을 이용하여 한 문장씩 따라 읽도록 한다. (CD-31)

❸ 교사가 시간을 나타내는 숫자를 손가락으로 바꾸어 보이면서 물으면 전체 학생들은 그 숫자에 맞게 대답하도록 한다.

교사► (손가락으로 7을 나타내며) 今天你上了几节课?

학생► 我上了七节课。

교사► (손가락으로 6을 나타내며) 今天你上了几节课?

학생► 我上了六节课。

5
과

■ **보충 학습**

❶ 여러 과목을 나타내는 말을 익히도록 한다.

❷ CD를 한 번 듣고 교사가 읽은 뒤 학생들이 따라 읽도록 한다. (CD-32)

❸ 교사가 우리말로 과목 이름을 말하면 전체 학생들이 중국어로 그 과목 이름을 크게 말하도록 한다.

> 교사 ➤ 국어　　　　　　학생 ➤ 语文
>
> 교사 ➤ 체육　　　　　　학생 ➤ 体育

❹ 우리나라에서 쓰는 과목 이름 대부분이 한자어임을 다시 한 번 알려 주고, 중국의 몇 가지 교과목 이름을 더 알려 주어 이해를 돕도록 한다.

도덕·바른생활	읽기·독서	컴퓨터	즐거운생활
思想品德	阅读	电脑	唱游
sīxiǎngpǐndé	yuèdú	diànnǎo	chàngyóu

■ **说一说 2**

❶ 먼저 교사가 손가락으로 수업 시간 수를 바꾸어가며 물어 보면 학생들은 그 숫자에 맞게 대답하고, 교사가 세 번째 질문을 할 때는 과목 이름이 적힌 카드를 두 장 보이면 학생들은 그 카드에 적힌 과목에 맞게 대답하도록 한다.

> 교사 ➤ (손가락으로 4를 나타내며) 今天你上了几节课?
>
> 학생 ➤ 我上了四节课。
>
> 교사 ➤ (미술과 음악 과목 카드를 보여 주며) 上午你学了什么?
>
> 학생 ➤ 我学了美术和音乐。

❷ 짝꿍과 과목을 바꾸어가며 묻고 대답하도록 한다.

> 학생1 ➤ 上午你学了什么?
>
> 학생2 ➤ 我学了英语和数学。你呢?
>
> 학생1 ➤ 我学了社会和科学。
>
> 유의　때에 따라 '上午'와 '下午'를 번갈아 바꾸어가며 해 보도록 한다.

❸ CD를 다시 한 번 들으며 따라 읽도록 한다. (CD-31)

Tip; 놀이

▶ 준비물 : 주사위 3개(가로 세로 30cm 정사각형, 하나는 숫자 1~6을 쓴 주사위, 나머지 둘은 빈칸으로 된 주사위)

① 전체 학생을 두 모둠으로 나눈 뒤, 각 모둠에 주사위 하나씩을 나눠 주고 각 면마다 과목 이름을 두 개씩 쓰도록 한다.

② 각 모둠에서 한 학생씩 앞으로 나오게 한 뒤 한 학생은 숫자가 쓰인 주사위를, 다른 학생은 과목이 쓰인 주사위를 던지게 한다. (과목 이름이 쓰인 주사위는 상대 모둠이 만든 것을 던지도록 함)

③ 숫자 주사위를 던진 학생이 A역할을, 과목 주사위를 던진 학생이 B역할을 맡아 대화를 나누도록 한다.

> 학생1 ─ (A) 今天你上了几节课?
>
> 학생2 ─ (B) 我上了四节课。
>
> 학생1 ─ (A) 上午你学了什么?
>
> 학생2 ─ (B) 我学了体育和科学。

④ 같은 방식으로 두 학생이 역할을 바꾸어 주사위를 던지고 묻고 대답하도록 한다.

⑤ 각 모둠의 모든 학생이 돌아가며 다 한 뒤 교사가 평가하여 대답을 더 자연스럽게 잘한 모둠이 이기는 것으로 한다.

유의 한 사람씩 하지 않고 각 모둠의 대표가 던지고 대화는 전체 모둠 학생이 같이 하는 방식으로 할 수도 있다. 이 경우 어느 모둠이 함께 소리를 맞추어 잘하는지를 평가해 보아도 좋다.

정리

■ 배운 내용 확인하기

- 오늘 배운 3성과 3성이 연이어 나오는 단어를 다시 함께 발음해 본다.
- 说—说의 네 문장을 해석과 함께 천천히 반복하여 읽어 주거나, 교사가 우리말로 말하면 학생들이 중국어로 표현하도록 유도한다.
- 여러 과목 이름을 중국어로 함께 읽어 본다.

■ 과제 제시

- 念—念의 단어 각각 세 번씩 읽으며 쓰기(한자와 병음 모두)
- 说—说의 네 문장 외워 오기(과목 이름은 자기가 좋아하는 것으로 바꾸어 외우기)
- 과목 이름 세 번씩 쓰기

■ 다음 시간 학습 내용 알려 주기

- 여러 교과목의 이름을 알고 자유롭게 말한다.
- 친구들의 시간표를 보며 서로 묻고 대답한다.

■ 교사의 다음 시간 준비

- 커터(칼) 5~6개

今天你学了什么？

학습목표
- 여러 과목의 이름을 자유롭게 말할 수 있다.
- 수업 시간과 배운 과목을 묻고 대답할 수 있다.

도입 ∙∙∙∙∙∙ ■ **동기 유발**

❶ 과목 이름에 들어 있는 성모와 운모 가운데 하나를 교사가 불러 주면 학생들이 그 성모나 운모가 들어가는 과목을 말하도록 한다.

> 교사 ▷ sh
> 학생 ▷ 数学(shùxué), 社会(shèhuì), 美术(měishù)
> 교사 ▷ yǔ
> 학생 ▷ 语文(yǔwén), 英语(Yīngyǔ)

> 유의 성모와 운모를 불러줄 때 학생들이 영어 알파벳으로 생각해서 말하지 않도록 미리 주의를 주고 시작한다.
> 예 성모 'h[he]'를 불러줄 때는 'sh'에 들어 있는 'h'가 아니라고 알려 준다.

❷ 학생들이 말한 과목 이름을 한자로 쓸 수 있는 학생들이 있으면 칠판에 나와서 써 보게 하고, 다음 활동으로 들어간다.

■ **학습 내용 확인하기**

- 여러 교과목의 이름을 알고 자유롭게 말한다.
- 친구들의 시간표를 보며 서로 묻고 대답한다.

전개 ∙∙∙∙∙∙ ■ **做一做 1**

❶ 자기가 좋아하는 과목으로 시간표 채우기

> 교사 ▷ 보기에 나오는 과목 이름을 차례대로 우리말로 말해 볼까요?
> 학생 ▷ 국어, 영어, 수학, 사회, 과학, 체육, 음악, 미술

❷ 학생들이 시간표를 보고 교사가 요일을 말하면 해당하는 과목 이름을 큰 소리로 말하도록 한다.

> **교사** 星期二
> **학생** 英语, 音乐, 数学
> **교사** 星期五
> **학생** 音乐, 美术, 社会

❸ 시간표에 자기가 좋아하는 과목 이름을 바르게 써 넣도록 한다.

❹ 과목 이름을 다 쓴 뒤 앞에 앉은 학생부터 돌아가며 월요일부터 차례대로 그 요일에 자기가 무슨 수업을 하는지 말하도록 한다.

> **학생1** 星期一我上语文、社会、〇〇、英语、〇〇和科学。
> **학생2** 星期二我上英语、〇〇、音乐、〇〇和数学。

> **유의** 동사 '上' 대신에 '学'를 써서 말해도 된다고 알려 준다.
> **예** 星期三我上〇〇、体育、语文和〇〇。

■ 做一做 2

❶ 부록의 숫자판과 과목판을 오리고, 숫자판에는 1~16까지의 숫자를 써넣는다.

❷ 같은 과목이 어디에 있는지 기억해서 짝꿍과 말하기 놀이를 하고, 더 많은 과목을 맞추어 말하는 학생이 이기는 것으로 한다.

> **유의** 학생들이 숫자판에 숫자를 쓸 때 연필로 쓰면 다음에 지울 수 있으므로 놀이를 여러 번 할 수 있다.

■ 做一做 3

❶ 보기에 나오는 문장을 교사가 먼저 우리말로 말하면 전체 학생들이 중국어 문장을 말하도록 한다.

> **교사** 나는 두 시간 수업했어.
> **학생** 我上了两节课。
> **교사** 나는 국어랑 과학 그리고 사회를 수업했어.
> **학생** 我学了语文、科学和社会。

❷ 전체 학생을 딩딩과 동동 두 모둠으로 나누어 자기 모둠의 시간표를 보며 번갈아 한 요일씩 크게 읽도록 한다.

> **딩딩 모둠** 星期一语文、科学、英语、体育、音乐。
> **동동 모둠** 星期一英语、语文、美术、音乐。
> **딩딩 모둠** 星期二英语、语文、美术、音乐。
> **동동 모둠** 星期二语文、科学、英语、体育、音乐。

❸ 학생들이 빈칸에 알맞은 대답을 쓰도록 한 뒤 딩딩 모둠과 동동 모둠이 번갈아가며 묻고 대답하도록 한다.

딩딩 모둠 │ 星期一你上了几节课？

동동 모둠 │ 星期一我上了五节课。

동동 모둠 │ 星期四下午你上了几节课？

딩딩 모둠 │ 星期四下午我上了两节课。

......

정리

■ **과제 제시**

● 자기가 좋아하는 과목을 중국어로 써서 시간표 만들어 오기(A4 용지에 하루에 4~6시간이 되도록 짜기)

■ **다음 시간 학습 내용 알려 주기**

● 교과목 이름을 찾아 쓴다.

● 중국 학교 문화(개학식과 졸업식)를 알아보고, 노래 '小小课程表'를 부른다.

■ **교사의 다음 시간 준비**

● 가로 세로 각 4칸으로 된 16칸의 빙고판 2개가 그려진 A4 용지(학생 숫자만큼)

第五课　今天你学了什么?

학습목표

◉ 여러 한자 중에서 과목 이름을 찾아 쓸 수 있다.
◉ 노래를 통해 과목 이름을 복습할 수 있다.

도입

■ **동기 유발**

❶ 숙제 확인을 겸하여 한 학생씩 앞으로 나와 자기가 만든 시간표를 전체 학생들에게 들어 보인 뒤 교사가 묻는 요일에 들어 있는 과목으로 문장을 만들어 말하도록 한다.

> 교사　星期三你上几节课?
>
> 학생　我上五节课。
>
> 교사　你学什么呢?
>
> 학생　我学英语、语文、数学、科学和社会。

❷ 한 학생이 끝나면 그 학생이 다음 학생을 골라 이름을 부르고 같은 방식으로 진행한다.

> 유의　• 학생들이 만든 시간표는 이름을 써서 교실 게시판에 붙이고 학생들을 격려하도록 한다.
>
> 　• 전체 학생을 다 할 경우 동기 유발에서 지나치게 많은 시간이 걸릴 수도 있으므로 몇몇 학생들을 골라 진행하여도 좋다.

■ **학습 내용 확인하기**

● 여러 한자 중에서 교과목 이름을 찾아 쓴다.

● 노래를 통해 과목 이름을 복습한다.

전개

■ **练一练**

❶ 먼저 학생들이 표에 들어 있는 한자를 가로 세로로 차근차근 살펴보도록 한다.

❷ 교사가 한자가 쓰인 표에 나온 한자를 먼저 가로로 한 글자씩 읽으면 전체 학생들이 큰 소리로 따라 읽고, 다 읽으면 이번에는 세로로 읽고 학생들이 따라 읽도록 한다.

> 교사　课　　　　　　학생　课

......

❸ 표에서 가로 세로로 연결된 한자 가운데 과목 이름이 되는 것들을 찾아 동그라미를 치게
한 뒤 빈칸에 과목 이름을 쓰도록 한다.

❹ 시간이 충분하면 한자로 쓴 과목 이름 아래에 해당 한어병음을 적고 읽어 보도록 한다.

■ 看一看

❶ 학생들이 큰 소리로 읽도록 한다.

❷ [우리나라와 중국의 개학식, 졸업식] 비교자료를 보여 주면서 부가적인 설명과 함께
학생들의 이해를 돕도록 한다.

	우리나라	중국	우리나라	중국
명칭	개학식	开学典礼 kāixué diǎnlǐ	졸업식	毕业典礼 bìyè diǎnlǐ
시기	3월	8월말 또는 9월초	2월	6월 말

■ 唱一唱

❶ 수업 시간에 배우는 내용을 생각하며 CD로 '小小课程表' 노래를 들어 본다. (CD-33)

❷ 노랫말을 보고 교사가 묻고 학생들이 대답하도록 한다.

❸ CD의 단어를 두 번 들려 주고 정확하게 발음할 수 있도록 한다. (CD-34)

❹ CD를 일시정지 기능을 이용하여 한 소절씩 따라 부르도록 하고, 학생들을 남・여 두
모둠으로 나누어 남학생들은 홀수 줄을, 여학생들은 짝수 줄을 부른 뒤 역할을 바꾸어
다시 한다. (CD-33)

정리

■ 과제 제시

- 본문 네 문장 외우기
- 워크북 5과 풀이해 오기

Tip; 빙고 놀이

▶ 준비물 : 가로 세로 4칸씩 16칸의 빙고판 2개가 그려진 A4 용지(학생 숫자만큼)

첫 번째 빙고판

① 빙고판 빈칸에 p.45에 나오는 과목 이름을 중국어와 우리말로 자기가 쓰고 싶은 칸에 마음대로 써넣도록 한다. (같은 과목을 중국어로 하나, 우리말로 하나씩 쓴다.)

② 교사가 과목 이름을 중국어로 말하면 중국어와 우리말 과목 이름에 같이 색칠한다.

교사 语文

학생들 ('语文'과 '국어' 칸에 모두 색칠한다.)

③ 가로 세로 대각선으로 세 줄을 먼저 연결한 사람이 일어나 연결된 세 줄에 있는 과목을 한 번씩 넣어 보기의 문장처럼 만들어 정확하게 말하면 이기는 것으로 한다.

[보기] 我学了语文、数学、科学、英语和美术。

语文	체육	体育	사회
数学	어문	社会	음악
과학	科学	수학	音乐
英语	영어	美术	미술

두 번째 빙고판

① 빙고판 빈칸에 p.45에 나오는 과목 이름을 중국어로 한 칸에 한 글자씩을 자기가 쓰고 싶은 칸에 마음대로 써넣도록 한다. (영어 과목이라면 '英'과 '语'를 각각 다른 칸에 한 글자씩 쓴다.)

② 교사가 과목 이름을 중국어로 말하면 해당 과목 이름의 두 한자를 찾아 모두 색칠한다.

교사 英语

학생들 ('英'과 '语'에 모두 색칠한다.)

유의 영어와 국어에 모두 '语'가 들어가고, 수학과 과학에 모두 '学'자가 들어가므로 자기에게 유리한 칸에 색칠하도록 한다.

③ 가로 세로 대각선으로 세 줄을 먼저 색칠한 사람이 일어나 색칠한 과목을 한 번씩 넣어 보기의 문장처럼 만들어 정확하게 말하면 이기는 것으로 한다.

[보기] 今天我上了数学、社会、体育、和音乐。

语	数	英	音
科	文	语	乐
社	学	体	会
学	美	术	育

6 丁丁爱画画儿

딩딩은 그림 그리기를 좋아해요.

단원 특성
이 단원에서는 자신이 좋아하는 취미를 소개하는 표현을 익힌다. 또 여러 가지 상황에서 나타나는 반3성에 대해 배우고, 여러 가지 취미와 관련된 어휘에 대해 학습한다.

차시	학습 내용
1차시	본문을 통해 자기가 좋아하는 취미를 묻고 답하는 표현을 익히도록 한다. 그리고 본문 문장에 나온 단어의 뜻과 읽고 쓰는 법을 알게 한다.
2차시	여러 가지 상황에서 나타나는 반3성을 정확하게 발음할 수 있도록 한다. 그리고 취미와 관련된 어휘를 다양하게 바꾸어 넣어가며 말하기 연습을 한다.
3차시	스티커 붙이기 활동을 통해 취미를 말하는 방법을 복습하도록 한다. 그리고 가족들이 좋아하는 취미를 글로 써 보고 여러 학생들 앞에서 소개할 수 있도록 한다.
4차시	정도를 나타내는 말을 익혀 묻고 대답하고, 중국 어린이들의 장래희망에 대해 이해한다. 그리고 노래를 통해 취미와 정도를 나타내는 말을 복습하도록 한다.

第六课 丁丁爱画画儿

 학습목표
⊙ 본문의 표현을 알아듣고 말할 수 있다.
⊙ 본문 문장에 나온 단어의 뜻을 알고, 읽고 쓸 수 있다.

도입

■ **동기 유발**

❶ 자기의 취미가 무엇인지 발표하도록 한다.

　　교사▷ 자기의 평소 취미가 무엇인지 말해 볼까요?
　　학생1▷ 축구요.
　　학생2▷ 피아노 치기요.
　　학생3▷ 컴퓨터 게임이요.

❷ 학생들이 발표한 취미들을 교사가 먼저 우리말로 칠판에 써놓은 뒤 혹시 중국어로 말할 수 있는 학생이 있으면 말하도록 하고 격려한다.

❸ 우리말로 써놓은 학생들의 취미 아래에 중국어의 한어병음을 쓴 뒤 교사가 먼저 읽고 학생들이 따라 읽도록 한다.

❹ 이번 과에서는 자기의 취미를 중국어로 말하는 방법을 배울 것임을 알린다.

■ **학습 내용 확인하기**

● 자기가 좋아하는 취미를 묻고 답하는 표현을 배운다.

● 본문의 새 단어를 익힌다.

전개

■ **이 단원에서 배울 내용 알아보기**

❶ 그림을 보고 이번 시간에 배울 내용이 무엇인지 살펴보도록 한다.

　　교사▷ 50쪽과 51쪽의 그림은 무엇을 하는 그림인가요?
　　학생▷ 놀이터에서 놀면서 이야기하는 그림입니다.

교사 ▷ 50쪽 그림에서 딩딩과 동동은 무엇에 대해 이야기를 하고 있나요?

학생 ▷ 취미가 무엇인지 이야기하고 있습니다.

교사 ▷ 이번 단원에서 배울 것은 취미를 묻고 대답할 때 쓰는 표현입니다.

■ 본문

❶ CD를 두 번 들려 준다. (CD-35)

❷ 본문의 내용을 이해했는지 살펴본다.

교사 ▷ 딩딩의 취미는 무엇인가요?

학생 ▷ 그림 그리기입니다.

교사 ▷ 딩딩의 그림 솜씨는 어떻다고 했나요?

학생 ▷ 아주 잘 그립니다.

❸ 본문의 중요 표현을 살펴본다.

교사 ▷ '네 취미는 뭐야?'를 중국어로 어떻게 말할까요?

학생 ▷ 你的爱好是什么?

교사 ▷ '我画得很好。'를 우리말로는 뭐라고 할까요?

학생 ▷ 나는 (아주) 잘 그려.

유의 취미를 말할 때 '我的爱好是○○。'라고 말하는 것이 보통이나 '我爱○○。'나 '我喜欢○○。'로 말할
수도 있음을 알려 준다.

  예 我的爱好是画画儿。→ 我爱画画儿。/ 我喜欢画画儿。
      我的爱好是踢足球。→ 我爱踢足球。/ 我喜欢踢足球。

❹ CD를 다시 들으며 본문의 내용을 익히도록 한다. (CD-35)

> • 먼저 교사가 동동 역할을, 학생이 딩딩 역할을 맡아 연습한다.
> • 전체 학생을 두 모둠으로 나누어(남·여, 짝꿍 등으로 다양하게 나누기) 묻고 답한다.
> • 잘하는 학생 몇 명을 뽑아 동동 역할(혹은 딩딩 역할)을 하게 하고 나머지 학생들이 다른
>   역할을 맡게 한다.
> • 교사가 학생들과 일대일로 역할을 나누어 말해 본다.

■ 단어

❶ CD를 들으며 따라 읽고 단어를 눈으로 익히도록 한다. (CD-36)

❷ 단어의 한자와 병음을 써서 보여 준다.

> • 칠판에 병음을 쓸 수 있도록 네 줄을 그린 뒤 한어병음과 성조를 줄에 맞추어 쓰고, 바로
>   아래에 해당 한자를 바르게 쓴다.

6
과

유의 학생들이 '愛'를 쓸 때 번체자와 혼동하여 쓰는 경우가 있다. 번체자 '愛'에는 사랑은 마음으로 하니까 '마음 심(心)'자가, 간체자 '爱'에는 사랑은 친구 사이에 있는 마음이니까 '벗 우(友)'자가 들어간다고 알려 주어 학생들의 기억을 돕는다.

번체자   간체자

❸ 단어의 쓰임을 알아본다.

• 지금까지 배웠던 '좋다'라는 뜻의 '好'는 3성으로 읽고, '좋아하다'라는 뜻으로 쓸 때는 반드시 '4성'으로 읽어야 함을 예를 들어가며 설명한다.

성조	뜻	예
3성	좋다	很好, 非常好, 好看, 好听, 好吃, 好玩
4성	좋아하다	好客 hàokè 손님 초대하는 것을 좋아하다
		好奇 hàoqí 신기한 것을 좋아하다, 호기심이 많다
		好强 hàoqiáng 이기는 것을 좋아하다, 지려고 하지 않다

❹ CD를 다시 한 번 듣고 따라 읽도록 한다. (CD-36)

정리 ┈┈┈ ■ **배운 내용 확인하기**

● 본문 네 문장을 해석과 함께 천천히 반복하여 읽어 주거나 교사가 우리말로 말하면 학생들이 중국어로, 교사가 중국어로 말하면 학생들이 우리말로 표현하도록 한다.

● 본문에서 가장 중요한 문장을 하나 골라 묻고 대답하도록 한다.

교사 '내 취미는 ○○○이다.'라고 말할 때는 어떤 표현을 쓰나요?

학생 我的爱好是○○○。

■ **과제 제시**

● 오늘 배운 단어의 병음과 한자를 각각 다섯 번씩 쓰기

● '好'를 4성으로 읽는 단어(好客/好奇/好强) 다섯 번씩 읽기

● 자기가 좋아하는 취미를 묻고 대답하는 표현 익혀 오기

■ **다음 시간 학습 내용 알려 주기**

● 여러 가지 상황에서 나타나는 반3성을 배울 것임을 알린다.

● 취미와 관련된 여러 어휘를 배울 것임을 알린다.

- 교사 : 부록에 나온 취미 이름 카드를 A4 크기로 복사한 것

- 학생 : 가족이 다 함께 찍은 사진(3차시에 이용 : 교사가 미리 스캔을 하여 준비해야 하므로 한 차시 앞서 가져와야 함)

丁丁爱画画儿

학습목표
- 여러 가지 상황에서 나타나는 반3성을 정확하게 발음할 수 있다.
- 취미와 관련된 어휘를 바꾸어 넣어가며 대화를 나눌 수 있다.

도입

■ **동기 유발**

❶ 학생들이 잘 알고 있는 3성으로 된 글자 가운데 '很', '好', '小'를 칠판에 써 준다.

> 예 很 / 好 / 小

❷ 학생들에게 칠판에 쓴 '很', '好', '小'를 앞에 넣어서 두 글자나 세 글자로 된 어휘를 만들도록 하는데, 앞에 앉은 학생부터 뒤에 붙이는 한자의 성조를 1성, 2성, 4성, 1성, 2성……의 차례로 어휘를 만들어 발표하도록 한다.

> 교사 ▷ 맨 앞에 앉은 학생부터 '앞에 3성, 뒤에 1성, 2성, 4성…' 식으로 어휘를 만들어 말해 볼까요?
>
> 학생1 ▷ 很高 hěn gāo
>
> 학생2 ▷ 小鱼 xiǎoyú
>
> 학생3 ▷ 很贵 hěn guì
>
> 학생4 ▷ 好听 hǎotīng
>
> ……

> 유의 학생들이 어휘를 만들기 어려워할 경우 앞에 들어가는 3성으로 된 글자를 몇 개 더 칠판에 써 주어도 좋다.
> 예 老(师), 五(十), 九(千), 美(丽/国), 女(生/儿), 请(问/坐), 想(吃/去) …

❸ 이번 시간에는 3성 뒤에 다른 성조의 음절이 올 경우에 나타나는 반3성에 대해 배울 것임을 알린다.

■ **학습 내용 확인하기**

● 여러 가지 상황에서 나타나는 반3성을 배운다.

● 취미와 관련된 어휘를 바꾸어 넣어가며 대화를 나눈다.

■ 念一念

❶ CD를 들려 주고, 학생들에게 들은 대로 발음해 보도록 한다. (CD-37)

❷ 칠판에 '3성+1성', '3성+2성', '3성+4성', '3성+경성'의 성조 그림을 책에 나온 대로 잘 보이도록 그린 뒤, 공통점을 찾아 보게 한다.

> 교사 ► 이 그림들의 공통점은 무엇일까요?
> 학생 ► 모두 3성으로 시작합니다.
> 교사 ► 화살표를 따라 3성을 발음해 봅시다.

❸ 그림의 화살표를 따라 하나씩 짚어가며 책에 나온 단어를 읽고 학생들이 큰 소리로 따라 읽도록 한다.

❹ 책에 나오는 방식대로 각 성조마다 자주 쓰는 어휘 몇 개씩을 더 연습해 보도록 한다.

3성＋1성	北京	Běijīng	果汁	guǒzhī	好吃	hǎochī
3성＋2성	美国	Měiguó	五十	wǔshí	好玩	hǎowán
3성＋4성	米饭	mǐfàn	请问	qǐngwèn	可爱	kě'ài
3성＋경성	我们	wǒmen	椅子	yǐzi	好的	hǎode

■ 说一说 1

❶ CD를 두 번 들려 주고 교사의 물음에 대답하도록 한다. (CD-38)

> 교사 ► 위의 내용으로 보아 B의 취미는 무엇인가요?
> 학생 ► 축구입니다.
> 교사 ► '不错'의 뜻은 무엇인가요?
> 학생 ► '잘한다'입니다.

❷ CD를 일시정지 기능을 이용하여 한 문장씩 따라 읽도록 한다. (CD-38)

❸ 교사가 먼저 학생들과 손가락 표시의 약속을 정한 뒤 셋째 문장을 읽을 때 손가락으로 정도를 나타내는 표시를 바꾸어 보이면 학생들이 넷째 문장에서 그 표시에 맞게 대답하도록 한다.

> 교사 ► (엄지손가락을 위로 하며) 你踢得怎么样？
> 학생 ► 我踢得很好。
> ......
> 교사 ► (엄지와 검지로 동그라미 모양을 하며) 你踢得怎么样？
> 학생 ► 我踢得不错。
> ......
> 교사 ► (엄지손가락을 아래로 하며) 你踢得怎么样？
> 학생 ► 我踢得不好。

■ **보충 학습**

❶ 여러 취미를 나타내는 말을 익히도록 한다.

❷ CD를 한 번 듣고 교사가 읽은 뒤 학생들이 따라 읽도록 한다. (CD-39)

❸ 교사가 우리말로 취미를 말하면 전체 학생들이 중국어로 크게 말하도록 한다.

| 교사 | 피아노를 치다 | 학생 | 弹钢琴 |
| 교사 | 수영을 하다 | 학생 | 游泳 |

❹ 학생들이 궁금해 할 수 있는 몇 가지 취미를 더 알려 준다.

바이올린을 켜다	만화책을 보다	인라인스케이트를 타다
拉小提琴	看漫画书	玩轮滑
lā xiǎotíqín	kàn mànhuàshū	wán lúnhuá
음악을 듣다	컴퓨터 게임을 하다	여행을 하다
听音乐	玩电脑游戏	旅游
tīng yīnyuè	wán diànnǎoyóuxì	lǚyóu
등산을 하다	낚시를 하다	요리를 하다
爬山	钓鱼	做菜
pá shān	diào yú	zuò cài

■ **说一说 2**

❶ 교사가 취미를 물으면서 취미가 적힌 카드를 보이고, 잘하는 정도를 물을 때는 '说一说 1'에서 했던 손가락 모양을 보이며 물어 보면 학생들은 그 표시에 맞게 취미와 정도를 알맞게 대답하도록 한다.

교사	('跳舞' 카드를 들어 보이며) 你的爱好是什么？
학생	我的爱好是跳舞。
교사	(엄지와 검지로 동그라미 모양을 하며) 你跳得怎么样？
학생	我跳得不错。

> 유의 학생들이 취미에 어울리는 동사를 쓸 수 있도록 주의시키고, 교사가 세 번째 질문에서 동사를 특히 강조하여 학생들이 쉽게 기억할 수 있도록 한다.

❷ 짝꿍과 함께 같은 방식으로 부록의 카드를 이용하여 취미와 손가락 모양을 바꾸어가며 묻고 대답하도록 한다.

학생1	(滑雪 카드를 들어 보이며) 你的爱好是什么？
학생2	我的爱好是滑雪。
학생1	(엄지손가락을 위로 하며) 你滑得怎么样？
학생2	我滑得很好。

❸ CD를 다시 한 번 들으며 따라 읽도록 한다. (CD-38)

정리 ──── ■ **배운 내용 확인하기**

- 오늘 배운 반3성으로 발음하는 단어를 다시 함께 발음해 본다.
- 说一说의 네 문장을 해석과 함께 천천히 반복하여 읽어 주거나, 교사가 우리말로 말하면 학생들이 중국어로 표현하도록 유도한다.
- 여러 취미 이름을 중국어로 함께 읽어 본다.

■ **과제 제시**

- 念一念의 단어 각각 세 번씩 읽으며 쓰기(한자와 병음 모두)
- 说一说의 네 문장 외워 오기(자기가 좋아하는 취미 이름으로 바꾸고 그에 알맞은 동사를 넣어 외우기)
- 보충 학습에 나오는 취미 이름 두 번씩 쓰기(여섯 개, 한자와 병음 모두)

■ **다음 시간 학습 내용 알려 주기**

- 스티커를 붙이며 취미를 말한다.
- 가족들의 취미를 글로 쓰고 소개한다.

■ **다음 시간 준비**

- 교사 : 학생들의 가족사진을 스캔한다.
- 학생 : 가족의 취미를 알아 온다.

第六课　丁丁爱画画儿

학습목표
- 그림을 보고 취미를 말할 수 있다.
- 가족들의 취미를 글로 써 보고 여러 학생들 앞에서 소개할 수 있다.

도입

■ 동기 유발

❶ 교사가 보충 학습에 나오는 내용을 이용하여 취미와 짝을 이루는 동사를 문장과 함께 말해 주고 나머지 말은 전체 학생들이 크게 말하도록 한다.

> **교사** 我的爱好是唱~
>
> **학생** 歌
>
> **교사** 我喜欢弹~
>
> **학생** 钢琴

> **유의** · 필요하다면 지난 시간에 알려 준 지도서에 나오는 취미를 더 넣어서 말해도 좋다.
> · 교사가 말하는 형식을 두 가지로 번갈아가며 하면 더욱 생동감이 있어 좋다.

❷ 한 학생씩 돌아가며 대답하도록 한 뒤 모두들 익숙해지면 다음 활동으로 들어간다.

■ 학습 내용 확인하기

● 그림을 보고 취미를 말한다.

● 가족들의 취미를 글로 쓰고 여러 학생들 앞에서 소개한다.

전개

■ 做一做 1

❶ 내용에 어울리는 스티커를 붙이고 취미와 정도를 말한다.

> **교사** 보기에 나오는 말을 중국어로 읽으면 우리말로 말해 보세요.
>   我游得很好。
>
> **학생** 저는 수영을 잘해요.
>
> **교사** 我唱得很好听。
>
> **학생** 저는 노래를 잘 불러요.

(교사) 我爬得很快。

(학생) 저는 아주 빨리 기어요.

❷ 전체 학생들이 그림 아래에 나오는 문장들을 큰 소리로 읽도록 한 뒤 그림 옆에
동물들의 이름을 한어병음으로 쓰도록 한다.

> (예) niǎo / hóuzi / yāzi

(유의) 학생들 가운데 동물 이름을 한자로 쓰고 싶어하는 학생이 있으면 쓰게 하고 칠판에 그 한자들을 써서
보여 주어도 좋다.
(예) 鸟 / 猴子 / 鸭子

❸ 각 그림을 보고 취미를 묻고 답하도록 한다.

(교사) 아기 새의 취미는 무엇인가요?

(학생) 노래 부르기입니다.

(교사) 원숭이의 취미는 무엇인가요?

(학생) 나무 타기입니다.

(교사) 오리의 취미는 무엇인가요?

(학생) 수영하기입니다.

❹ 내용에 어울리는 스티커를 붙이고 문장을 골라서 쓰도록 한다.

(유의) 스티커의 그림을 중국어로 뭐라고 말하는지 학생들에게 발표하게 한 뒤 한어병음을 칠판에 써 주고
스티커 아래에 쓰도록 해도 좋다.
(예) 마이크 màikèfēng 麦克风 / 나무 shù 树 / 물안경 yǒngjìng 泳镜

❺ 문장을 다 쓴 뒤 전체 학생이 그림 아래의 두 문장을 차례대로 큰 소리로 읽도록 한다.

❻ 전체 학생들을 두 모둠으로 나누어 각 문장을 하나씩 번갈아가며 큰 소리로 읽도록
한다.

■ 做一做 2

❶ 가족 취미 소개하기

❷ 교사가 예로 나온 문장을 읽고 전체 학생들이 큰 소리로 따라 읽도록 한다.

❸ 교사가 자기 가족을 예로 가족이 누가 있는지, 가족들의 취미는 무엇인지를 소개하여
학생들의 이해를 돕는다.

(교사) 我家有四口人，有爸爸、妈妈、姐姐和我。我爸爸的爱好是爬山，我妈妈的爱好是做
菜，我姐姐的爱好是弹钢琴，我的爱好是画画儿。

(유의) 결혼한 남자 교사라면 이런 소개를 하여 학생들의 흥미를 끌 수도 있다.

❹ 학생들이 자기 가족에 대해 쓰도록 한 뒤 교사가 돌아다니며 확인하고, 잘 못하는 학생이 있으면 도움을 준다.

❺ 다 쓴 뒤 한 학생씩 앞으로 나와 자기 가족과 취미에 대해 소개하도록 한다. 이때 교사는 미리 준비한 해당 학생의 가족사진을 보여 주고 발표하는 학생이 소개할 때 그 가족을 가리키며 할 수 있도록 한다.

> **유의** · 교사가 한 학생씩 소개하기 전에 먼저 "请介绍一下你的家人和家人的爱好。"라고 말해 주도록 한다.
> · 전체 학생이 다 하려면 시간이 많이 걸리는 활동이다. 활동1을 빨리 끝내고 시간 안배를 잘하도록 한다.
> · 혹시 시간이 부족하다면 억지로 다 하려고 하지 말고 못한 학생은 다음 시간에 동기부여 활동에 할 수 있도록 남겨둔다. (동기부여 활동을 위해 일부러 잘하는 몇 학생을 남길 수도 있다.)

정리

■ 과제 제시
● 오늘 쓴 내용을 가족들 앞에서 중국어로 말하고 부모님 확인 받아 오기

■ 다음 시간 학습 내용 알려 주기
● 정도를 나타내는 말을 익힌다.
● 중국 학교 문화(장래 희망)를 알아보고, 노래 '得字歌'를 부른다.

■ 교사의 다음 시간 준비
● 중국의 유명한 운동선수 또는 연예인 사진

第六课 丁丁爱画画儿

학습목표

⊙ 정도를 나타내는 말을 익혀 사용할 수 있다.
⊙ 노래를 통해 취미와 정도를 나타내는 말을 복습할 수 있다.

도입 ········ ■ **동기 유발**

❶ 숙제 확인을 겸하여 자기 가족과 취미에 대해 소개하도록 한다.

교사 ▷ 请介绍一下你的家人和家人的爱好。

학생 ▷ 我家有……

❷ 학생들의 발표가 끝나면 쓴 것을 보지 않고 외워서 할 수 있는 학생이 있는지 물어 보고 발표하도록 한다.

유의 외울 수 있는 학생이 없다면 교사가 자기 가족과 취미를 다시 소개하도록 한다. 이때 지난 번 내용과 다르게 말한 뒤 학생들에게 물어 본다면 학생들이 더욱 흥미를 가질 수도 있다.

교사 ▷ 我家有四口人, 有太太[tàitai]、大女儿、小女儿和我。我太太的爱好是唱歌, 我大女儿的爱好是听音乐, 我小女儿的爱好是玩电脑游戏, 我的爱好是爬山。
　　　아내, 큰딸, 작은딸을 중국어로 말해 볼까요?

학생1 ▷ 太太、大女儿和小女儿。

교사 ▷ 큰딸의 취미는 무엇인가요?

학생2 ▷ 큰딸의 취미는 음악감상입니다.

교사 ▷ 작은딸의 취미는 무엇인가요?

학생3 ▷ 작은딸의 취미는 컴퓨터 게임입니다.

■ **학습 내용 확인하기**

● 정도를 나타내는 말을 익힌다.

● 노래를 통해 취미와 정도를 나타내는 말을 복습한다.

■ **练一练**

❶ 먼저 정도를 나타내는 말을 교사가 우리말로 하면 학생들이 거기에 맞는 중국어를 큰
소리로 말하도록 한 뒤 다시 뜻을 설명하도록 한다.

교사	조금 잘해요.	학생	不错。
교사	못해요.	학생	很不好。
교사	아주 잘해요.	학생	非常好。
교사	조금 못해요.	학생	不太好。
교사	보통이에요.	학생	还可以。
교사	잘해요.	학생	很好。

很不好。 못해요.	不太好。 조금 못해요.	还可以。 보통이에요.
不错。 조금 잘해요.	很好。 잘해요.	非常好。 아주 잘해요.

유의 우리말로 해석할 때 가능하면 지나치게 나쁘게 해석하는 것은 피하도록 한다.
예) 很不好 : '아주 나쁘다' 등 …

❷ A의 질문을 보고 자기 상황에 맞도록 대답을 보기에서 골라 B에 쓰도록 한 뒤 교사가
돌아다니며 한 학생씩 묻고 대답하도록 한다.

교사	你的中文怎么样?
학생1	我的中文很好。
교사	你唱得怎么样?
학생2	我唱得还可以。

■ **看一看**

❶ 학생들이 큰 소리로 읽도록 한다.

❷ 인터넷 사이트에서 찾은 중국인 유명 운동선수나 연예인 사진 등을 보여 주면서
부가적인 설명과 함께 학생들의 이해를 돕도록 한다.

이름	리우 시앙(刘翔)	야오 밍(姚明)
직업	110m 장애물달리기 선수	프로 농구선수(미국 '휴스턴로켓'팀)
나이	1983년 생	1980년 생
키	189cm	229cm
몸무게	87kg	140.6kg
경력	장애물달리기 국가대표	국가대표 농구팀 선수
개인 최고 기록	12초 88	한 경기 41 득점

■ **唱一唱**

❶ 우리 가족의 취미를 생각하며 CD로 '得字歌' 노래를 들어 본다. (CD-40)

❷ 노랫말을 보고 교사가 묻고 학생들이 대답하도록 한다.

> 아빠가 잘하시는 것은 무엇인가요?
> 농구입니다.
> 엄마가 잘하시는 것은 무엇인가요?
> 노래입니다.
> 축구를 잘하는 사람은 누구인가요?
> 丁丁입니다.

❸ CD의 단어를 두 번 들려 주고 정확하게 발음할 수 있도록 한다. (CD-41)

❹ CD를 일시정지 기능을 이용하여 한 소절씩 따라 부르도록 하고, 학생들을 남·여 두 모둠으로 하여 남학생들이 홀수 줄을, 여학생들이 짝수 줄을 하도록 하고 역할을 바꾸어 다시 한다. (CD-40)

정리

■ **과제 제시**

- 본문 네 문장 외우기
- 워크북 6과 풀이해 오기

6
과

▶ 준비물 : 주사위(30cm×30cm), 주사위 놀이판(칠판에 크게 붙일 수 있는 크기),
　　　　　 말로 쓸 둥근 자석 2개(칠판에 붙일 수 있는 것)

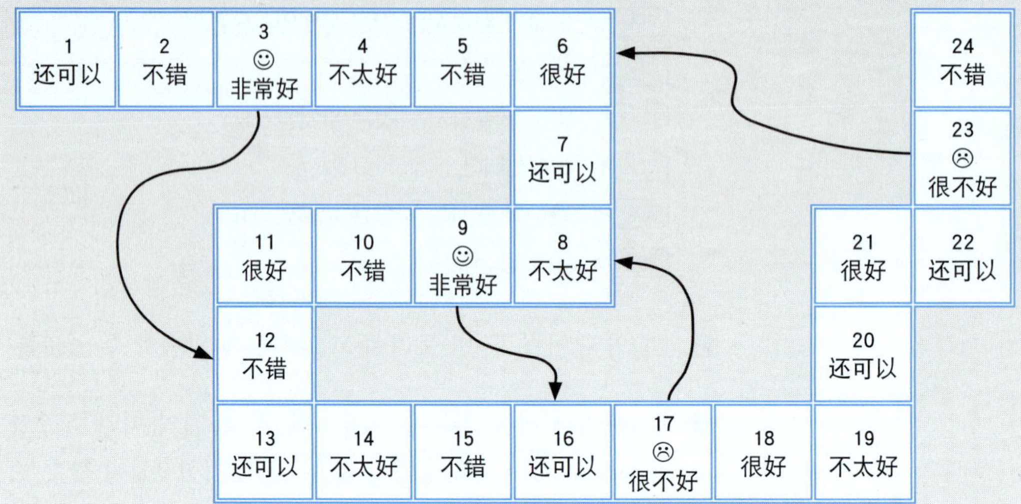

① 전체 학생을 두 모둠으로 나누고 주사위를 던질 학생 한 명과 문장을 만들어 말할 학생 네 명을 뽑는다.

② 가위바위보(剪刀石头布)를 하여 순서를 정한 뒤 주사위를 던져 나온 만큼 말을 옮긴다.

③ 말이 도착한 칸에 나오는 내용을 그 모둠 학생 전체가 크게 읽고, 한 학생이 그 내용을 넣어 문장을 만들어 말한다.

　　예 주사위에 '5'가 나온 경우

　　　　모둠 전체 학생 ─ 不错。

　　　　학생1 ─ 我的中文不错。 또는 我唱得不错。

④ 문장을 틀리지 않고 잘 말하면 그 칸에 해당하는 점수를 준다.

　　예 很不好 50점 / 不太好 60점 / 还可以 70점 / 不错 80점 / 很好 90점 / 非常好 100점

⑤ 끝까지 하여 점수가 높은 모둠이 이기는 것으로 한다. (먼저 도착한 모둠 100점)

유의 모둠 활동으로 하지 않고 A4 크기의 놀이판과 주사위가 준비된다면 짝꿍끼리 하는 활동으로 바꾸어 해도 좋다.

7 电脑游戏

컴퓨터 게임

단원 특성

이 단원에서는 여러 가지 놀이를 통해 지금 하고 있는 동작을 표현하는 말을 익힌다. 또 베이징 사람들이 즐겨 쓰는 '儿화'에 대해 배우고, 여러 가지 놀이와 관련된 어휘에 대해 학습한다.

차시	학습 내용
1차시	본문을 통해 지금 하고 있는 동작을 묻고 답하는 표현을 익히도록 한다. 그리고 본문 문장에 나온 단어의 뜻과 읽고 쓰는 법을 알게 한다.
2차시	베이징 사람들이 즐겨 쓰는 '儿화'를 정확하게 발음할 수 있도록 한다. 그리고 놀이와 관련된 어휘를 다양하게 바꾸어 넣어 가며 말하기 연습을 한다.
3차시	동물의 그림을 보고 동물이 하는 동작에 대해 알맞은 대답을 할 수 있도록 한다. 그리고 스티커 활동을 통해 가족들이 지금 무엇을 하고 있는지 말할 수 있도록 한다.
4차시	놀이와 어울리는 동사를 찾고, 중국에서 이루어지고 있는 '희망초등학교'에 대해 알아본다. 그리고 노래를 통해 지금 하고 있는 동작을 나타내는 말을 복습하도록 한다.

第七课 电脑游戏

학습목표
- 본문의 표현을 알아듣고 말할 수 있다.
- 본문 문장에 나온 단어의 뜻을 알고, 읽고 쓸 수 있다.

도입 ┈┈┈ ■ **동기 유발**

❶ 학생들에게 컴퓨터와 관련된 말이 무엇인지 발표하도록 한다.

> 교사 ▷ '컴퓨터'하면 생각나는 말이 무엇인지 말해 볼까요?
>
> 학생1 ▷ 컴퓨터 게임이요.
>
> 학생2 ▷ 인터넷이요.
>
> 학생3 ▷ 채팅이요.

❷ 학생들이 발표한 말들을 교사가 먼저 우리말로 칠판에 써놓은 뒤 중국어로 말할 수 있는 학생이 있으면 말하도록 한 뒤 격려한다.

❸ 우리말로 써놓은 단어 아래에 중국어의 한어병음을 쓴 뒤 교사가 먼저 읽고 학생들이 따라 읽도록 한다.

> 교사 ▷ diànnǎo yóuxì / wǎngluò / liáotiān

❹ 컴퓨터와 관련된 것 가운데 학생들이 관심을 가질 수 있는 내용을 몇 개 더 알려 주도록 한다.

컴퓨터 본체	모니터	자판	마우스
电脑主机	屏幕	键盘	鼠标
diànnǎo zhǔjī	píngmù	jiànpán	shǔbiāo
인터넷	인터넷 사이트	홈페이지	블로그
网络	网站	主页	博客
wǎngluò	wǎngzhàn	zhǔyè	bókè

❺ 이번 과에서는 지금 하고 있는 동작을 어떻게 표현하는지 배울 것임을 알린다.

■ **학습 내용 확인하기**

● 지금 하고 있는 동작을 묻고 답하는 표현을 배운다.

● 본문 문장에 나온 새 단어의 뜻을 익힌다.

전개 ■ **이 단원에서 배울 내용 알아보기**

❶ 그림을 보고 이번 시간에 배울 내용이 무엇인지 살펴보도록 한다.

교사〉 58쪽 그림은 누구와 누구의 대화인가요?

학생〉 엄마와 딩딩의 대화입니다.

교사〉 58쪽에서 벽에 붙어 있는 그림은 무엇인가요?

학생〉 베이징 올림픽 마스코트 베이베이, 징징, 환환, 잉잉, 니니입니다.

교사〉 이번 단원에서 배울 것은 지금 하고 있는 동작을 말할 때 쓰는 표현입니다.

■ **본문**

❶ CD를 두 번 들려 준다. (CD-42)

❷ 본문의 내용을 이해했는지 살펴본다.

교사〉 딩딩은 지금 무엇을 하고 있나요?

학생〉 인터넷 채팅입니다.

교사〉 딩딩은 지난 주말에 무엇을 했나요?

학생〉 컴퓨터 게임을 했습니다.

❸ 본문의 중요 표현을 살펴본다.

교사〉 '너 (지금) 인터넷 하고 있니?'를 중국어로 어떻게 말할까요?

학생〉 你在上网吗?

교사〉 '上周末你做了什么?'를 우리말로 뭐라고 할까요?

학생〉 지난 주말에 너 뭐 했어?

유의 • '在'가 붙으면 '~하고 있다'라는 뜻이 됨을 알려 준다.

　　 • '上周末你做了什么?'를 설명할 때 참고로 '다음 주말에는 뭐 할 거니?(下周末你要做什么?)'를 함께
　　　 알려 주어도 좋다.

❹ CD를 다시 들으며 본문의 내용을 익히도록 한다. (CD-42)

> • 먼저 교사가 엄마와 동동 역할을, 학생이 딩딩 역할을 맡아 연습한다.
>
> • 전체 학생을 두 모둠으로 나누어(남·여, 짝꿍 등으로 다양하게 나누기) 묻고 답한다.
>
> • 잘하는 학생 몇 명을 뽑아 엄마와 동동 역할을 맡게 하고 나머지 학생들이 딩딩 역할을 맡게
> 한다.
>
> • 교사가 학생들과 일대일로 역할을 나누어 말해 본다.

■ **단어**

❶ CD를 들으며 따라 읽고 단어를 눈으로 익히도록 한다. (CD-43)

❷ 단어의 한자와 병음을 써서 보여 준다.

> • 칠판에 병음을 쓸 수 있도록 네 줄을 그린 뒤 한어병음과 성조를 줄에 맞추어 쓰고, 바로
>   아래에 해당 한자를 바르게 쓴다.
> • 한자를 쓸 때는 정자로 순서를 강조하며 써서 보여 주고 따라 쓰게 한다.

> **유의** • 학생들이 '游'를 쓸 때 가운데 들어 있는 '方'자의 순서를 틀리기 쉬우므로 특히 강조한다. 인터넷을
>   이용해 필순을 찾아 보여 주면 학생들의 흥미를 더욱 높일 수 있다.

> • '聊'를 쓸 때는 두 번째 획과 세 번째 획, 그리고 마지막 열한 번째 획이 '세로획(ㅣ)'이 됨을 특히
>   강조하여 쓰도록 한다.

> • '末'을 쓸 때는 비교하여 위의 가로 획이 더 길어야 함을 강조하고, 참고로 아래의 가로 획이 더 긴
>   '아닐 미(未)'자도 알려 주도록 한다.

末　　未

❸ 단어의 쓰임을 알아본다.

> • 아이들이 손에 들고 하는 게임기는 보통 '游戏机[yóuxìjī]'라고 한다.
> • '在'가 '~하고 있다'라는 뜻으로 쓰일 때는 꼭 동사 바로 앞에 있어야 함을 강조하고, '~에
>   서'로 쓰인 예와 비교하여 설명한다.

뜻	용법	예
~하고 있다	在 + 동사	在吃饭 / 在喝水 / 在踢球 / 在唱歌 / 在睡觉
~에서	在 + 장소(명사) + 동사	在家吃饭 / 在学校踢球 / 在朋友家睡觉

❹ CD를 다시 한 번 듣고 따라 읽도록 한다. (CD-43)

정리 ┈┈┈ ■ **배운 내용 확인하기**

● 본문 네 문장을 해석과 함께 천천히 반복하여 읽어 주거나 교사가 우리말로 말하면
  학생들이 중국어로, 교사가 중국어로 말하면 학생들이 우리말로 표현하도록 한다.

- 본문에서 가장 중요한 문장을 하나 골라 묻고 대답하도록 한다.

   '(지금) 채팅하고 있어요.'를 중국어로 어떻게 말할까요?

   我在上网聊天。

과제 제시

- 오늘 배운 단어의 병음과 한자를 각각 다섯 번씩 쓰기
- '~하고 있다'와 '~에서'로 쓰인 '在'의 예문을 다섯 번씩 읽기(지도서 '단어' 부분 설명 참고)

다음 시간 학습 내용 알려 주기

- 베이징 사람들이 즐겨 쓰는 '儿화'를 배울 것임을 알린다.
- 놀이와 관련된 여러 어휘를 배울 것임을 알린다.

교사의 다음 시간 준비

- 중국 어린이들이 좋아하는 놀이와 관련된 사진 및 인터넷 자료
- 부록에 나온 놀이 이름 카드를 A4 크기로 복사한 것
- 가족 명칭이나 학생들 이름 카드

第七课　电脑游戏

 **학습목표**

⊙ 베이징 사람들이 즐겨 쓰는 '儿화'를 정확하게 표현할 수 있다.
⊙ 놀이와 관련된 어휘를 다양하게 바꾸어 넣어가며 대화를 주고받을 수 있다.

도입 ┈┈┈┈┈ ■ **동기 유발**

❶ 이번 시간에 놀이 이름을 배우게 되므로 먼저 학생들에게 좋아하는 놀이 이름을 말해 보게 한다.

Tip; 좋아하는 놀이는?

▶ 준비물 : 점수판 2개(가로35cm x 세로75cm), A4 용지 20장, 메모지(학생 수만큼), 풀

(점수판 보기)		
	50分	컴퓨터 게임
	40分	DS 또는 PSP
	30分	…
	20分	…
	10分	술래잡기

① 반 학생들에게 작은 메모지를 나누어 주고 자기가 좋아하는 놀이를 하나씩 써서 내도록 한다.

② 남학생과 여학생으로 나누어 그 결과를 통계 내어 순서를 매긴다. (교사만 알도록 하고 빈도가 가장 높은 것을 50점으로 한다.)

③ 준비한 점수판에 놀이 이름을 A4 용지에 써서 빈도 순으로 위에서부터 아래로 붙이고 그 위에 종이 한 장씩을 쉽게 뗄 수 있도록 덧붙여 가린다. (학생들이 답을 볼 수 없도록 해야 한다.)

④ 남녀 학생 모둠으로 나누고 남학생 결과는 여학생들에게, 여학생 결과는 남학생들에게 물어 본다.

⑤ 가위바위보를 하여 이긴 모둠에게 먼저 질문을 해서 대답을 하면 교사가 답이 없는 경우에는 '没有!'라고 얘기하고, 있는 경우에는 해당 점수판의 가리개 종이를 떼어 답을 보여 주고 점수를 준다.

⑥ 번갈아가며 묻고 대답한다. 답이 다섯 개인 경우 문제를 네 개만 내고 그 점수를 합쳐 어느 모둠이 이겼는지 정한다.

유의 학생들이 많은 종류의 놀이를 써서 내면 답을 더 많이 붙일 수도 있다. 이럴 경우 더욱 흥미롭겠지만 지나치게 시간을 많이 쓰지 않도록 조심해야 한다.

❷ 놀이가 끝나면 다음 활동으로 넘어간다.

■ **학습 내용 확인하기**

- 베이징 사람들이 즐겨 쓰는 '儿화'를 배운다.

- 놀이와 관련된 어휘를 바꾸어 넣어가며 대화를 나눈다.

전개　■ **念一念**

❶ CD를 들려 주고, 학생들에게 들은 대로 발음해 보도록 한다. (CD-44)

❷ 60쪽에 나오는 단어의 공통점을 찾아 보게 한다.

　교사 〉 이 단어들의 눈에 보이는 공통점은 무엇일까요?

　학생 〉 단어 끝에 모두 'r'이 있습니다.

　교사 〉 이 단어들을 들어 보면 어떤 공통점이 있나요?

　학생 〉 모두 입 안에서 '얼~'하고 굴리는 소리가 납니다.

❸ 칠판에 단어를 쓴 뒤 하나씩 짚어가며 읽고 학생들이 큰 소리로 따라 읽도록 한다.

　유의 ・ '儿'화는 한어병음 표기와 실제 발음이 다른 경우가 많으므로 학생들이 어려워할 수 있다. 한어병음 표기에 신경을 쓰기보다는 들리는 대로 발음하는 것이 더 중요하다는 것을 꼭 강조하도록 한다.
　　　 ・ 발음이 잘 되지 않는 학생이 있더라도 지나치게 교정하려고 하지 말아야 한다. '儿'화는 보통 베이징 사람들이 즐겨 쓰는 표현이라고 이야기를 하여 중국어에 자신감을 잃지 않도록 하는 것이 중요하다.

❹ 자주 쓰는 어휘 몇 가지를 더 연습해 보도록 한다.

好玩儿	里边儿	画画儿	外边儿
hǎowánr	lǐbiānr	huà huàr	wàibiānr
재미있다	안(쪽)	그림을 그리다	바깥(쪽)
香味儿	小孩儿	一点儿	一片儿
xiāngwèir	xiǎoháir	yìdiǎnr	yípiànr
향기	어린애	조금	한 조각

■ **说一说 1**

❶ CD를 두 번 들려 주고 교사의 물음에 대답하도록 한다. (CD-45)

　교사 〉 위의 내용으로 보아 나는 누구와 놀고 있나요?

　학생 〉 동생입니다.

　교사 〉 무슨 놀이를 하고 있나요?

　학생 〉 블록 쌓기 놀이를 하고 있습니다.

　교사 〉 '정말 재미있다'는 중국어로 어떻게 말하나요?

　학생 〉 '很好玩儿'입니다.

❷ CD를 일시정지 기능을 이용하여 한 문장씩 따라 읽도록 한다. (CD-45)

❸ 동작을 나타내는 말 몇 개를 칠판에 써 주고 그 말들을 이용하여 교사가 묻고 학생들이
교사의 몸짓에 어울리는 말로 대답하도록 한다.

동작을 나타내는 말 (칠판에 써 줄 말)	在吃饭	在喝水	在踢球	在听音乐	在看漫画书
묻는 말	好吃吗?	好喝吗?	好玩儿吗?	好听吗?	好看吗?

교사 ▷ 你在做什么? (밥을 먹는 시늉을 한다.)
학생 ▷ 我在吃饭。
교사 ▷ 好吃吗?
학생 ▷ 很好吃。

■ 보충 학습

❶ 여러 놀이를 나타내는 말을 익히도록 한다.

❷ CD를 한 번 듣고 교사가 읽은 뒤 학생들이 따라 읽도록 한다. (CD-46)

❸ 교사가 중국어로 놀이 이름을 말하면 학생들은 그 놀이 이름을 우리말로, 교사가
우리말로 말하면 학생들은 중국어로 그 놀이 이름을 크게 말하도록 한다.

교사 ▷ 下围棋　　　　학생 ▷ 바둑을 두다
교사 ▷ 고무줄 뛰기　　학생 ▷ 跳皮筋
교사 ▷ 积木游戏　　　학생 ▷ 블록 쌓기

❹ 학생들이 궁금해 할 수 있는 몇 가지 놀이를 더 알려 주어 이해를 돕도록 한다.

게임기로 놀다	장기를 두다	꼬리잡기	수건돌리기	연날리기
玩游戏机	下象棋	老鹰捉小鸡	丢手绢	放风筝
wán yóuxìjī	xià xiàngqí	lǎoyīng zhuō xiǎojī	diū shǒujuàn	fàng fēngzheng

유의 '积木游戏'와 '老鹰捉小鸡'는 동사 '玩'을 함께 써야 문장이 완성된다.

■ 说一说 2

❶ 교사가 놀이 이름이 적힌 카드와 가족 명칭이나 학생 이름이 적힌 카드를 들고 묻는다.

교사 ▷ ('爸爸'와 '下围棋' 카드를 보여 주며) 你在做什么?
학생 ▷ 我在和爸爸下围棋。
교사 ▷ 好玩儿吗?
학생 ▷ 很好玩儿。
교사 ▷ ('朋友'와 '打扑克牌' 카드를 보여 주며) 你在做什么?

……

❷ 짝꿍과 함께 같은 방식으로 부록의 카드를 이용하여 놀이 이름을 바꾸어가며 묻고 대답하도록 한다. 누구와 같이 노는지는 자기가 하고 싶은 사람을 넣어 말하도록 한다.

> 학생1 ('捉迷藏' 카드를 보여 주며) 你在做什么？
> 학생2 我在和同学们捉迷藏。
> 학생1 好玩儿吗？
> 학생2 很好玩儿，你也一起玩吧。
> 학생1 好。

❸ CD를 다시 한 번 들으며 따라 읽도록 한다. (CD-45)

정리

■ 배운 내용 확인하기

- 오늘 배운 '儿' 발음이 들어 있는 단어를 다시 함께 발음해 본다.
- 说一说의 다섯 문장을 해석과 함께 천천히 반복하여 읽어 주거나, 교사가 우리말로 말하면 학생들이 중국어로 표현하도록 유도한다.
- 여러 놀이 이름을 중국어로 함께 읽어 본다.

■ 과제 제시

- 念一念에 나오는 단어 각각 세 번씩 읽으며 쓰기(한자와 병음 모두)
- 말하기 부분 외워 오기 : 자기가 좋아하는 놀이 이름으로 바꾸고 그에 알맞은 동사를 넣어 외우기
- 보충 학습에 나오는 놀이 이름 두 번씩 쓰기(여섯 개, 한자와 병음 모두)
  > 유의 보충 학습에 나오는 한자가 너무 어려울 경우에는 병음만 쓰도록 시킨다.

■ 다음 시간 학습 내용 알려 주기

- 동물들이 하고 있는 동작을 말한다.
- 스티커 활동을 통해 가족들이 지금 무엇을 하고 있는지 말한다.

■ 교사의 다음 시간 준비

- 동물들의 여러 동작이 나오는 그림이나 사진
  > 예 토끼가 풀을 뜯어먹는 그림, 물고기가 헤엄치는 그림, 원숭이가 나무에 오르는 그림, 강아지가 공놀이 하는 그림 등

7 과

电脑游戏

⊙ 동물들이 하고 있는 동작을 말할 수 있다.
⊙ 스티커 활동을 통해 가족들이 지금 무엇을 하고 있는지 말할 수 있다.

도입 ┄┄┄ ■ **동기 유발**

① 지난 시간에 배운 보충 학습에 나오는 내용과 추가로 더 배운 내용을 이용하여 놀이 이름을 교사가 묻고 전체 학생들이 크게 말하도록 한다.

> **교사** 바둑을 두다
> **학생** 下围棋
> **교사** 술래잡기를 하다
> **학생** 捉迷藏
> **교사** 玩游戏机
> **학생** 게임기로 놀다

② 중국어로 어느 놀이를 좋아하는 학생이 가장 많은지 알아보고 난 후 다음 활동으로 들어간다.

> **교사** 喜欢跳皮筋的同学, 请举手(jǔ shǒu)。
> (고무줄 놀이를 좋아하는 학생은 손 들어 봐요.)
> **학생** (손을 든다.)
> **교사** 一、二、三、四、五, 五个同学喜欢跳皮筋。
> (하나 둘 셋 넷 다섯, 다섯 명이 고무줄 놀이를 좋아하네요.)
> **교사** 喜欢玩积木游戏的同学, 请举手。
> (블록 쌓기를 좋아하는 학생은 손 들어 봐요.)
> ……
> **교사** 我们班的同学们最喜欢的游戏是什么?
> (우리 반 친구들이 가장 좋아하는 놀이는 무엇이지요?)
> **학생** 是电脑游戏。
> (컴퓨터 게임이요.)

■ 학습 내용 확인하기

● 동물들이 하고 있는 동작을 말한다.

● 스티커 활동을 통해 가족들이 지금 무엇을 하고 있는지 말해 본다.

전개 ┈┈ **■ 做一做 1**

❶ 동물들이 하고 있는 동작 알아보고 말하기

교사 ─ 고양이는 무엇을 하고 있나요?

학생 ─ 잠을 자고 있어요.

교사 ─ 쥐는 무엇을 하고 있나요?

학생 ─ 축구를 하고 있어요.

교사 ─ 곰은 무엇을 하고 있나요?

학생 ─ 자전거를 타고 있어요.

교사 ─ 돼지는 무엇을 하고 있나요?

학생 ─ 헤엄을 치고 있어요.

❷ 학생들이 동물들의 동작 그림을 잘 살펴보도록 한 뒤 알맞은 답 위에 동그라미를 치도록 한다.

❸ 교사가 동물들이 무엇을 하는지 중국어로 묻고 전체 학생들이 대답하도록 한다. '不对'라고 대답해야 하는 경우 교사가 다시 묻고 학생들이 대답하도록 한다.

교사 ─ 小猫在睡觉吗?

학생 ─ 对。

교사 ─ 老鼠在打篮球吗?

학생 ─ 不对。

교사 ─ (那么)老鼠在做什么呢?

학생 ─ 老鼠在踢足球。

교사 ─ 大熊在走路吗?

학생 ─ 不对。

교사 ─ (那么)大熊在做什么呢?

학생 ─ 大熊在骑自行车。

……

❹ 학생들이 2번과 3번 그림 아래에 대답한 내용(老鼠在踢足球。/ 大熊在骑自行车。)을
한어병음이나 한자로 쓰도록 하고 교사가 돌아다니며 확인하도록 한다.

> 유의 학생들의 수준을 보아가며 한어병음이나 한자 가운데 하나로 쓰도록 하는데, 둘 다 쓰고 싶어하는
> 학생이 있다면 그렇게 하도록 한다.

■ 做一做 2

❶ 가족들의 휴일 모습을 말해 보도록 한다.

> 교사 오늘은 무슨 요일인가요?
> 학생 일요일입니다.
> 교사 엄마는 무엇을 하고 계신가요?
> 학생 부엌에서 요리를 하고 계십니다.
> 교사 아빠는 무엇을 하고 계신가요?
> 학생 소파에서 주무시고 계십니다.
> 교사 딩딩은 무엇을 하고 있나요?
> 학생 딩딩은 컴퓨터로 게임을 하고 있습니다.
> 교사 책을 보고 있는 사람은 누구인가요?
> 학생 딩딩의 누나입니다.

❷ 학생들에게 빈칸에 알맞은 말을 쓰고 스티커를 붙이도록 하고, 교사는 다니며 확인
하도록 한다.

❸ 교사의 구령을 듣고 학생들이 큰 소리로 읽도록 한다.

> 교사 准备[zhǔnbèi], 开始[kāishǐ]!
> 학생 今天是星期天。爸爸在睡觉。妈妈在…

❹ 교사가 질문을 하고 한 학생씩 돌아가면서 대답하도록 한다.

> 교사 爸爸在做什么呢?
> 학생1 爸爸在睡觉。
> 교사 妈妈在做什么呢?
> 학생2 妈妈在做饭。
> ……

정리

■ 과제 제시

● 63쪽 내용 세 번 읽기

● 63쪽 내용을 참고로 자기 가족이 오늘 하고 있는 모습을 간단하게 작문해 오기 :
'今天是~。爸爸在~。妈妈在~。' 형식으로 작문

■ **다음 시간 학습 내용 알려 주기**

- 놀이와 어울리는 동사를 익힌다.

- 중국 학교 문화(희망 초등학교)를 알아보고, 노래 '钓鱼'를 부른다.

■ **교사의 다음 시간 준비**

- 중국의 희망 초등학교 관련 인터넷 자료

  (www.baidu.com에 들어가서 '希望工程'을 검색어로 쳐서 나오는 자료 이용)

第七课　电脑游戏

학습목표

- ◉ 놀이와 어울리는 동사를 익혀 사용할 수 있다.
- ◉ 노래를 통해 지금 하고 있는 동작을 나타내는 말을 복습할 수 있다.

도입 ┈┈┈┈ ■ **동기 유발**

❶ 숙제 확인을 겸하여 한 학생씩 앞으로 나오게 하여 자기 가족이 오늘 하고 있는 모습을 '今天是～。爸爸在～。'를 이용하여 간단하게 소개하도록 한다.

> 교사▷ 여러분들의 가족들이 오늘 무엇을 하고 있는지 소개해 보도록 할까요? 친구들이 소개할 때 잘 듣고 선생님이 물어 보면 대답하도록 해요.
>
> 今天你们家人在做什么呢?
>
> 학생1▷ 今天是星期〇。爸爸在～。
>
> 유의 소개가 다 끝나면 학생들에게 질문할 것을 고지하고 주의 깊게 듣도록 한다.

❷ 학생들의 발표가 끝나면 다른 친구들의 가족들이 무엇을 하고 있는지 물어 보고 학생들이 손을 들고 대답하도록 한다.

> 교사▷ 今天〇〇的爸爸在做什么呢?
>
> 학생1▷ 今天〇〇的爸爸在～。
>
> 교사▷ 今天□□的妈妈在做什么呢?
>
> 학생2▷ 今天□□的妈妈在～。
>
> 유의 잘 대답하는 학생이 있을 경우 '〇〇的记忆力(jìyìlì)很好。(〇〇 기억력이 좋구나.)'하고 격려해 주면 좋다.

■ **학습 내용 확인하기**

● 놀이와 어울리는 동사를 익힌다.

● 노래를 통해 지금 하고 있는 동작을 나타내는 말을 복습한다.

■ 练一练

❶ 먼저 교사가 놀이 이름을 중국어로 읽고 전체 학생들이 큰 소리로 따라 읽도록 한다.

❷ 교사가 놀이 이름을 우리말로 말하면 학생들이 중국어로, 교사가 중국어로 말하면 학생들이 우리말로 대답하도록 한다.

……

❸ 놀이에 어울리는 동사를 찾아 빈칸에 쓰도록 한 뒤 교사가 동사를 넣은 놀이 이름을 우리말로 하면 학생들이 중국어로 말하도록 한다.

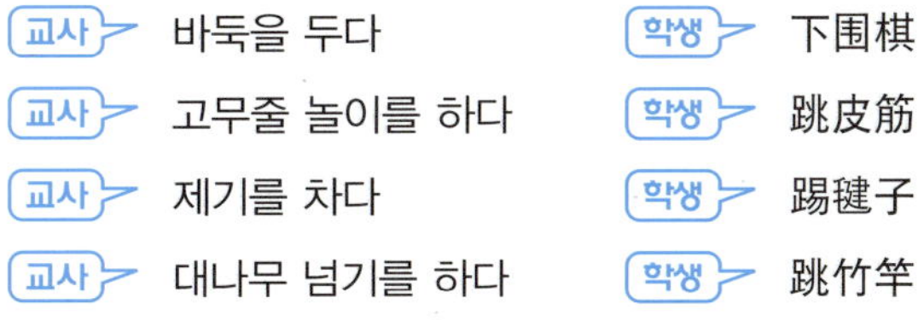

……

■ 看一看

❶ 학생들이 큰 소리로 읽도록 한다.

❷ 관련된 자료나 사진을 보충하여 보여 주면서 부가적인 설명과 함께 학생들의 이해를 돕도록 한다. (www.baidu.com에 들어가서 '希望工程'을 검색어로 쳐서 나오는 자료 이용)

■ 唱一唱

❶ 집에서 기다리고 계시는 엄마를 떠올리며 CD로 '钓鱼' 노래를 들어 본다. (CD-47)

❷ 노랫말을 보고 교사가 묻고 학생들이 대답하도록 한다.

교사 아이들은 방금까지 무엇을 하고 있었나요?
학생 물고기를 잡고 있었습니다. (낚시를 하고 있었습니다.)
교사 집에서 기다리는 사람은 누구입니까?
학생 엄마입니다.

❸ CD로 단어를 두 번 들려 주고 정확하게 발음할 수 있도록 한다. (CD-48)

 '鱼儿'처럼 명사 뒤에 '儿'를 붙여 그 원래 발음[ér]대로 내는 경우에는 '귀엽다'라는 뜻이나 '아기'라는 뜻을 나타내거나 동요 등에서 리듬을 맞추기 위해 사용하는 경우이다.

鸟儿	花儿	叶儿	风儿	天儿	月儿
niǎo'ér	huā'ér	yè'ér	fēng'ér	tiān'ér	yuè'ér
아기 새	꽃(님)	잎사귀	바람	하늘	달님

❹ CD를 일시정지 기능을 이용하여 한 소절씩 따라 부르도록 하고, 학생들을 남·여 두 모둠으로 하여 남학생들이 홀수 줄을, 여학생들이 짝수 줄을 하도록 하고 역할을 바꾸어 다시 한다. (CD-47)

정리

■ 과제 제시

● 본문 네 문장 외우기

● 워크북 7과 풀이해 오기

Tip; 어휘 만들기 놀이

▶ 준비물 : 동사가 적힌 큰 종이(가로 세로 다섯 칸씩, 75cm×75cm, 칠판에 붙일 수 있도록 한 것),
번호가 적힌 종이 25장(15cm×15cm, 동사가 적힌 칸 위에 붙이는 용도)

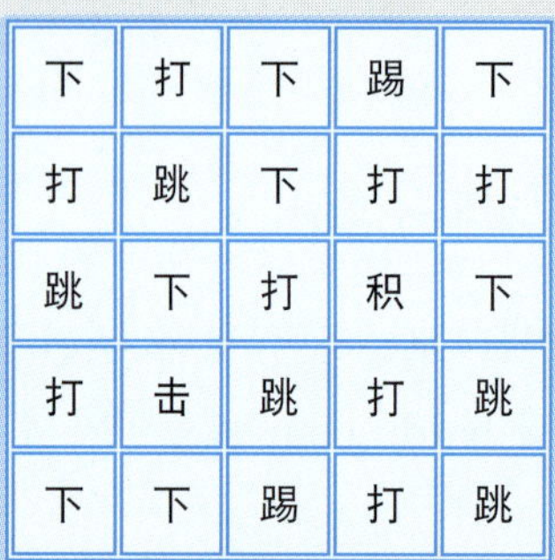

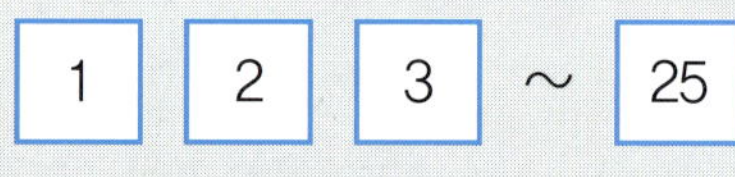

① 전체 학생을 다섯 모둠으로 나누고 대표 학생을 하나씩 뽑는다.

② 첫째 모둠의 대표 학생이 번호를 중국어로 말하고 교사가 그 번호를 떼어 그 아래에 있는 글자를 모두에게 보여 주면 둘째 모둠의 학생들이 그 동사가 들어가는 어휘를 하나 말한다.

첫째 모둠의 대표 ┤ 十三

교사 ┤ (번호가 쓰인 종이를 떼어 학생들에게 글자를 보여 준다.)

1	2	3	4	5
6	7	8	9	10
11	12	打	14	15
16	17	18	19	20
21	22	23	24	25

打扑克牌

③ 놀이가 되는 어휘를 말하면 20점, 다른 어휘를 말하면 10점, 대답을 하지 못하면 0점으로 한다.

④ 둘째 모둠의 대표 학생이 번호를 중국어로 말하면 그 아래에 있는 동사를 넣어 셋째 모둠의 학생들이 어휘를 만들어 말한다.

二十一

(번호가 쓰인 종이를 떼어 학생들에게 글자를 보여 준다.)

下围棋

⑤ 모든 문제가 끝나면 점수가 높은 모둠이 이기는 것으로 한다.

유의 학생들이 어휘가 생각나지 않아 대답하지 못할 경우 교사가 '一 二 三'을 중국어로 세고 나서 먼저 손을 든 다른 모둠에게 기회를 준다. 맞히면 점수를 같은 방법으로 주는데 이렇게 하면 학생들의 흥미를 더욱 높일 수 있다.

참고 어휘
· 下：下围棋 下象棋 // 下课 下班 下来 下去 下面 下次 下山 下巴(xiàba 턱)
· 跳：跳皮筋 跳竹竿 跳绳 // 跳高 跳远
· 打：打扑克牌 // 打篮球 打乒乓球 打羽毛球 打人 打电话 打字 打开 打架(dǎ jià 싸우다)
· 踢：踢毽子 // 踢足球
· 捉：捉迷藏 老鹰捉小鸡 // 捉老鼠
· 积：积木
· 击：击鼓传花

MSN
北 京 欢 迎 你
Beijing Welcomes You
我在上网聊天儿。

8 中国欢迎你

중국에 온 것을 환영해요.

단원 특성
이 단원에서는 여러 지명을 이용하여, 가고 싶어하는 곳을 표현하는 말을 익힌다. 또 한어병음을 적을 때 쓰는 '격음부호'에 대해 배우고, 여러 도시의 유명한 곳과 관련된 어휘에 대해 학습한다.

차시	학습 내용
1차시	본문을 통해 가고 싶은 곳을 묻고 답하는 표현을 익히도록 한다. 그리고 본문 문장에 나온 단어의 뜻과 읽고 쓰는 법을 알게 한다.
2차시	한어병음을 적을 때 쓰는 '격음부호'에 대해 정확하게 이해하여 사용할 수 있도록 한다. 그리고 여러 도시의 유명한 곳과 관련된 어휘를 다양하게 바꾸어 넣어가며 말하기 연습을 한다.
3차시	그림을 보고 여행 계획을 중국어로 말할 수 있도록 한다. 그리고 친구들에게 가고 싶은 곳을 물어 보는 활동을 통해 친구들이 어디를 가고 싶어하는지 알아보도록 한다.
4차시	중국어로 다른 나라 이름을 어떻게 만들어 쓰는지 알아보도록 하고, 중국에서 이루어지고 있는 전학에 대해 알아본다. 그리고 노래를 통해 중국 여러 지역의 특색을 이해하도록 한다.

第八课　中国欢迎你

학습목표

⊙ 본문의 표현을 알아듣고 말할 수 있다.
⊙ 본문 문장에 나온 단어의 뜻을 알고, 읽고 쓸 수 있다.

도입 ━ ■ 동기 유발

❶ 학생들과 중국의 여러 지역에 대해 묻고 대답하도록 한다.

> **교사** ▸ '중국'하면 떠오르는 곳이 어디인지 말해 볼까요?
>
> **학생1** ▸ 베이징이요.
>
> **학생2** ▸ 상하이요.
>
> **학생3** ▸ 티베트요.
>
> **교사** ▸ 중국에서 가장 더운 곳은 어디일까요?
>
> **학생** ▸ ……
>
> **교사** ▸ 중국 서쪽의 '투르판'이라는 곳인데요, 가장 더웠을 때가 영상 47.7도였답니다. 그럼 중국에서 가장 추운 곳은 어디일까요?
>
> **학생** ▸ ……
>
> **교사** ▸ 가장 추운 곳은 중국 북쪽 헤이룽쟝성의 '모허(漠河)'라는 곳인데, 영하 50도까지도 내려갈 때가 있답니다. 한 나라에서 온도 차이가 엄청나게 많이 나지요?

❷ 학생들이 발표한 지명들을 칠판에 한자와 한어병음으로 쓴 뒤 교사가 먼저 읽고 학생들이 따라 읽도록 한다.

❸ 중국의 여러 지명 가운데 학생들이 관심을 가질 만한 곳을 몇 군데 더 알려 주도록 한다.

칭다오(청도)	타이완(대만)	티베트	황산
青岛	台湾	西藏	黄山
Qīngdǎo	Táiwān	Xīzàng	Huángshān

❹ 이번 과에서는 가고 싶은 곳을 묻고 답하는 표현을 배울 것임을 알린다.

> **유의** 우리 한자음으로 알고 있는 지역 이름을 중국어로도 말할 수 있어야 중국에 갔을 때 중국 사람들이 알아
> 들을 수 있음을 학생들에게 설명하여 흥미를 높인다. 중국 사람들이 우리나라에 와서 중국어 발음으로
> 우리나라 지명을 말하면 우리가 못 알아듣는 것과 같은 이치라고 설명하면 학생들이 받아들이기 쉽다.

■ 학습 내용 확인하기

- 가고 싶은 곳을 묻고 답하는 표현을 배운다.
- 본문의 새 단어를 익힌다.

전개

■ 이 단원에서 배울 내용 알아보기

❶ 그림을 보고 이번 시간에 배울 내용이 무엇인지 살펴보도록 한다.

> [교사] 66쪽의 딩딩과 동동이 상상하는 장면에 나오는 곳은 어디일까요?
> [학생] 공항입니다.
> [교사] 67쪽의 높은 탑은 중국의 어느 도시에 있는 무슨 탑일까요?
> [학생] 상하이에 있는 동방명주 탑입니다.
> [교사] 중국에 가 본 학생이 있나요?
> [학생] (가 본 학생들은 손을 들어 자기가 가 본 곳을 발표한다.)
> [교사] 이번 단원에서 배울 것은 가고 싶은 곳을 묻고 대답할 때 쓰는 표현입니다.

■ 본문

❶ CD를 두 번 들려 준다. (CD-49)

❷ 본문의 내용을 이해했는지 살펴본다.

> [교사] 동동은 여름 방학 때 무엇을 할 계획입니까?
> [학생] 중국을 여행할 계획입니다.
> [교사] 동동이 가고 싶어하는 도시는 어디입니까?
> [학생] 상하이와 시안 그리고 베이징입니다.

❸ 본문의 중요 표현을 살펴본다.

> [교사] '너는 무엇을 할 계획이니?'라고 물을 때는 중국어로 어떻게 말할까요?
> [학생] 你打算做什么？
> [교사] '你想去哪些地方？'을 우리말로는 뭐라고 할까요?
> [학생] 너는 어디로 갈 생각이니?

> **유의** '哪些地方'은 여러 곳을 물어 볼 때 쓰게 됨을 알려 준다. 보통 여러 곳을 강조하지 않고 '어디'나 '어느
> 곳'이라고 물을 때는 '哪个地方'이나 '哪里' 또는 '哪儿'이라고 물을 수 있다.

❹ CD를 다시 들으며 본문의 내용을 익히도록 한다. (CD-49)

- 먼저 교사가 딩딩 역할을, 학생이 동동 역할을 맡아 연습한다.
- 전체 학생을 두 모둠으로 나누어(남·여, 짝꿍 등으로 다양하게 나누기) 묻고 답한다.
- 잘하는 학생 몇 명을 뽑아 딩딩 역할을 맡게 하고 나머지 학생들이 동동 역할을 맡게 한다.
- 교사가 학생들과 일대일로 역할을 나누어 말해 본다.

■ 단어

❶ CD를 들으며 따라 읽고 단어를 눈으로 익히도록 한다. (CD-50)

❷ 단어의 한자와 병음을 써서 보여 준다.

- 칠판에 병음을 쓸 수 있도록 네 줄을 그린 뒤 한어병음과 성조를 줄에 맞추어 쓰고, 바로 아래에 해당 한자를 바르게 쓴다.
- 한자를 쓸 때는 정자로 순서를 강조하며 써서 보여 주고 따라 쓰게 한다.

유의 · '暑'는 중국어에서는 아랫부분의 '日' 위에 점이 없이 총 12획이다. 우리나라에서 쓰는 '暑'는 점이 있는 13획이므로 학생들이 구별해서 쓸 수 있도록 강조한다. 획이 더 긴 '아닐 미(未)'자도 알려 주도록 한다.

중국에서 쓰는 한자　　　우리나라에서 쓰는 한자

· '假'를 쓸 때 가끔 오른쪽 윗부분을 '巴'의 윗부분처럼 붙여서 '尸'처럼 쓰는 학생들이 있으므로 필순을 강조하여 설명한다.

· '算'을 쓸 때는 '竹' 아랫부분이 '日'이 아니라 '目'임을 강조하여 가로획을 하나 적게 쓰지 않도록 주의를 준다.

· '旅'를 쓸 때는 일곱 번째 획이 가로획이 아니라 '삐침 획(丿)'임을 강조하여 오른쪽 위에서 왼쪽 아래로 삐쳐서 씀을 강조한다.

❸ 단어의 쓰임을 알아본다.

- '暑假'를 설명할 때는 '放假(fàngjià 방학)'와 '寒假(hánjià 겨울 방학)', '春假(chūnjià 봄 방학)'를 함께 설명해 주고, '假'의 성조가 3성일 때는 '가짜, 거짓'이라는 뜻으로 쓰임을 예를 들어 말해 준다.
  예 진짜 真的 / 가짜 假的(jiǎde)
- '旅游'를 설명할 때는 우리가 같은 뜻으로 자주 쓰는 '旅行(lǚxíng)'도 말해 준다.

❹ CD를 다시 한 번 듣고 따라 읽도록 한다. (CD-50)

■ 배운 내용 확인하기

- 본문 네 문장을 해석과 함께 천천히 반복하여 읽어 주거나 교사가 우리말로 말하면 학생들이 중국어로, 교사가 중국어로 말하면 학생들이 우리말로 표현하도록 한다.

- 본문에서 가장 중요한 문장을 하나 골라 묻고 대답하도록 한다.

  [교사] '나는 ~에 가고 싶어.'라고 말할 때 쓰는 중국어 표현은 무엇인가요?

  [학생] '我想去~。'입니다.

■ 과제 제시

- 오늘 배운 단어의 병음과 한자를 각각 다섯 번씩 쓰기
- 8과 본문 다섯 번 읽어 오기

■ 다음 시간 학습 내용 알려 주기

- 한어병음을 적을 때 쓰는 '격음부호'에 대해 배울 것임을 알린다.
- 여러 도시의 유명한 곳과 관련된 어휘를 배울 것임을 알린다.

■ 교사의 다음 시간 준비

- 중국의 여러 도시와 유명한 곳의 사진이나 인터넷 사이트

8과

第八课　中国欢迎你

학습목표

◉ 한어병음을 적을 때 쓰는 '격음부호'에 대해 정확하게 이해하고 사용할 수 있다.
◉ 여러 도시의 유명한 곳과 관련된 어휘를 다양하게 바꾸어 넣어가며 대화할 수 있다.

도입

■ 동기 유발

❶ 우리말 띄어쓰기와 관련된 문장 몇 개를 써 주고 학생들에게 읽어 보고 무슨 뜻인지 생각해 보라고 한다.

> **교사** 다음 문장을 천천히 읽어 볼까요? 무슨 뜻인가요?
>
> > (1) 오빠 가방에 들어갔다.
> > (2) 아기 다리 고기 다리 던가 을운 동회.
>
> **학생** 첫 번째 문장은 '누가 오빠 가방에 들어갔다'는 말이고, 두 번째 문장은 '아기 다리'와 '고기 다리'는 알겠는데, '던가 을운 동회'는 무슨 뜻인지 잘 모르겠어요.
>
> **교사** 그럼 이 문장과 비교해 볼까요? 무슨 뜻인지 알겠지요?
>
> > (1) 오빠가 방에 들어갔다.
> > (2) 아 기다리고 기다리던 가을 운동회.
>
> **학생** 네, 알 수 있어요.

❷ 원래 격음부호를 붙여야 하는 단어를 격음부호를 빼고 한어병음으로 쓴 뒤 학생들에게 읽어 보라고 한다.

> jian　　xian　　shier　　tiananmen　　qie

❸ 우리말에는 띄어쓰기가 있으므로 단어를 쉽게 알아볼 수 있지만, 중국어에는 띄어쓰기가 없으므로 한어병음으로 적을 때 운모와 운모가 연이어 나올 경우 오해를 불러일으킬 수 있다는 것을 설명한다.

❹ 이번 시간에는 이렇게 오해를 불러일으키는 것을 막기 위해 '격음부호'를 쓴다는 것을 알려 준다.

■ **학습 내용 확인하기**

- 한어병음을 적을 때 쓰는 '격음부호'에 대해 배운다.
- 여러 도시의 유명한 곳과 관련된 어휘를 바꾸어 넣어가며 대화를 나눈다.

전개 ■ **念一念**

❶ CD를 들려 주고, 학생들에게 들은 대로 발음해 보고 공책에 한 번씩 써 보도록 한 뒤 질문한다. (CD-51)

교사 ▷ 이 단어들의 한어병음에는 어떤 공통점이 있나요?

학생 ▷ 한어병음에 모두 쉼표처럼 생긴 부호가 들어가 있습니다.

교사 ▷ 그 부호의 이름이 무엇인지 아는 학생이 있나요?

학생1 ▷ 예, 격음부호라고 합니다.

유의 · 실제로 학생들이 한어병음으로 문장을 쓰거나 단어를 쓸 때 격음부호를 빼고 쓰는 경우가 많다. 쪽지시험을 보거나 숙제를 할 때 격음부호를 빼지 않고 쓰도록 강조한다.
· 격음부호를 적을 때 앞 음절과 뒤 음절을 약간 떼어 쓰고 격음부호를 적도록 한다.

❷ 격음부호가 들어간 단어 몇 가지를 더 연습해 보도록 한다.

悲哀	骄傲	老二	明暗	沿岸
bēi'āi	jiāo'ào	lǎo'èr	míng'àn	yán'àn
슬프다	자랑, 긍지	둘째	명암	강가

■ **说一说 1**

❶ CD를 두 번 들려 주고 교사의 물음에 대답하도록 한다. (CD-52)

교사 ▷ 내용으로 보아 언제의 계획을 이야기하고 있나요?

학생 ▷ 겨울방학 때입니다.

교사 ▷ 가려고 하는 곳은 어디인가요?

학생 ▷ 베이징입니다.

교사 ▷ '무엇을 보고 싶니?'는 중국어로 어떻게 말하나요?

학생 ▷ 你想看什么?

❷ CD를 일시정지 기능을 이용하여 한 문장씩 따라 읽도록 한다. (CD-52)

❸ 다양한 방법으로 말하기 연습을 한다.

> · 먼저 교사가 A를 맡고 학생들이 B를 맡아 말하기 연습을 하면서 성조나 발음이 잘못된 곳을 알려 준다.
> · 학생들에게 아래와 같은 대화의 규칙을 알려 준 다음에 먼저 전체 학생과 대화를 나누고

8
과

교사 ▷ 여러분들이 겨울방학에는 베이징으로 가고, 여름방학에는 상하이로 가서 구경하는 것으로
하고 물어볼 테니 잘 듣고 대답해 보세요.

교사 ▷ 暑假你打算做什么?

학생1 ▷ 我打算去上海。

교사 ▷ 你想看什么?

학생1 ▷ 我想看东方明珠。

교사 ▷ 寒假你打算做什么?

학생 ▷ 我打算去北京。

……

■ 보충 학습

❶ 여러 도시와 유명한 곳의 이름을 익히도록 한다.

❷ CD를 한 번 듣고 교사가 읽은 뒤 학생들이 따라 읽도록 한다. (CD-53)

❸ 교사가 먼저 우리말로 도시 이름을 말하면 학생들이 그 도시의 유명한 곳을 말하도록
한다.

교사 ▷	학생 ▷
베이징의 ∼	자금성 / 천안문
상하이의 ∼	동방명주
시안의 ∼	병마용
항저우의 ∼	서호
라싸의 ∼	포탈라궁
정저우의 ∼	소림사

유의 교사가 말할 때 박자에 맞추어 리듬을 타면서 말하면 더욱 흥미롭게 할 수 있다.

❹ 교사가 중국어로 도시 이름을 말하면 학생들도 중국어로 그 도시의 유명한 곳을 말하고,
교사가 유명한 곳을 말하면 학생들이 도시 이름을 말하도록 한다.

교사 ▷	학생 ▷
北京	紫禁城 / 天安门
东方明珠	上海
兵马俑	西安
杭州	西湖

……

❺ 학생들이 궁금해할 수 있는 몇 가지 도시와 유명한 곳을 더 알려 주어 이해를 돕는다.

도시	난징	홍콩	옌지(연길)	쓰촨(사천)
	南京 Nánjīng	香港 Xiānggǎng	延吉 Yánjí	四川 Sìchuān
보고 싶은 곳(것)	중산릉	디즈니랜드	백두산	판다
	中山陵 Zhōngshānlíng	迪斯尼乐园 Dísiní lèyuán	长白山 Chángbáishān	熊猫 xióngmāo

■ 说一说 2

❶ 교사가 A 역할을 맡아 한 학생씩 돌아가며 물으면 자기가 가고 싶은 도시와 장소를 넣어 대답하도록 한다.

교사 寒假你打算做什么？

학생1 我打算去杭州。

교사 你想看什么？

학생1 我想看西湖。

교사 寒假你打算做什么？

학생2 我打算去香港。

교사 你想做什么？

학생2 我想去迪斯尼乐园玩。

……

유의 두 번째 A의 질문을 "你想做什么?(뭘 하고 싶니?)"로 물어 보면 여러 가지 대답을 유도할 수도 있다. 이때 장소에 어울리는 동사를 사용하여 말하기 연습을 할 수 있도록 주의한다.

예 我想去延吉长白山。／ 我想去迪斯尼乐园玩。

❷ 짝꿍과 함께 도시와 유명한 곳을 바꾸어가며 묻고 답하는 활동을 하도록 한다.

❸ CD를 다시 한 번 들으며 따라 읽도록 한다. (CD-52)

■ 배운 내용 확인하기

● 격음부호가 들어 있는 단어를 다시 함께 발음해 본다.

● 说一说의 네 문장을 해석과 함께 천천히 반복하여 읽어 주거나, 교사가 우리말로 말하면 학생들이 중국어로 표현하도록 유도한다.

● 여러 도시와 유명한 곳의 이름을 중국어로 함께 읽어 본다.

■ 과제 제시

● 念一念의 단어 각각 세 번씩 읽으며 쓰기(한자와 병음 모두)

● 说一说의 네 문장 외워 오기(자기가 가고 싶은 곳과 하고 싶은 것으로 바꾸어 외우기)

- 보충 학습에 나오는 도시와 유명한 곳 이름 두 번씩 쓰기(한자와 병음 모두)

■ 다음 시간 학습 내용 알려 주기

- 여행 계획을 중국어로 묻고 대답한다.
- 친구들이 가고 싶어하는 곳을 알아본다.

■ 교사의 다음 시간 준비

- 우리나라가 나오는 중국 전체 지도(칠판에 붙이거나 걸 수 있는 정도의 큰 크기)

第八课　中国欢迎你

학습목표

⊙ 그림을 보고 여행 계획을 중국어로 묻고 대답할 수 있다.
⊙ 친구들이 가고 싶어하는 곳을 직접 묻고 장소를 알아볼 수 있다.

도입

■ 동기 유발

❶ 교사가 중국어로 학생들이 중국의 어느 곳에 가장 가고 싶어하는지 알아본다.

교사 想去北京的同学请举手。베이징에 가고 싶은 학생은 손 들어 봐요.

학생 (손을 든다.)

교사 一、二、三、四、五、六，六个同学想去北京。하나 둘 셋 넷 다섯 여섯, 여섯 명이 베이징에 가고 싶어하네요.

교사 想去上海的同学请举手。상하이에 가고 싶은 학생은 손 들어 봐요.

……

교사 我们班的同学们最想去的地方是哪里？우리 반 친구들이 가장 가고 싶어하는 곳은 어디인가요?

학생 是上海。상하이요.

❷ 중국 지도를 칠판에 걸고 학생들에게 각 도시에 대해 묻도록 한다.

교사 베이징, 상하이, 칭다오, 시안, 홍콩 가운데 서울에서 가장 가까운 곳은 어디일까요?

학생1 베이징이요.

학생2 아니에요, 칭다오예요.

교사 서울에서 부산까지는 약 400km 정도 됩니다. 그럼 베이징에서 서쪽 우루무치까지는 거리가 얼마나 될까요?

학생 ……

교사 그럼 기차로는 얼마나 걸릴까요?

학생 ……

유의 질문에 대해 학생들이 어려워하면 ❷번의 동기부여 활동을 빼고 넘어가도록 한다.

8
과

도시	베이징 ↔ 상하이	베이징 ↔ 광저우	베이징 ↔ 우루무치	상하이 ↔ 라싸	상하이 ↔ 하얼빈
거리	1463km	2308km	3768km	4373km	2560km
기차 여행 시간	특급 10시간	특급 22시간	특급 40시간	특급 48시간	특급 32시간

■ 학습 내용 확인하기

- 그림을 보고 여행 계획을 중국어로 묻고 대답한다.
- 친구들이 가고 싶어하는 곳을 직접 묻고 그 장소를 알아본다.

전개

■ 做一做 1

❶ 그림을 보고 여행 계획을 묻고 대답하기

교사 ▷ 그림에서 딩딩과 동동은 언제의 여행 계획에 대해서 말하고 있나요?

학생 ▷ 여름방학의 여행 계획입니다.

교사 ▷ 동동은 중국 어디로 갈 계획인가요?

학생 ▷ 시안으로 갈 계획입니다.

교사 ▷ 시안에서 무엇을 보고 싶다고 했나요?

학생 ▷ 진시황 병마용을 보고 싶다고 했습니다.

❷ 빈칸에 중국어와 한어병음을 쓰도록 한 뒤 교사가 돌아다니며 확인한다.

유의 학생들이 쓰기 전에 각 문장에서 중심이 되거나 어려운 부분은 교사가 전체 학생들에게 물어 보는 식으로 힌트를 주어도 좋다.

교사 ▷ ②번에서 '여행'을 중국어로 뭐라고 하죠?

학생 ▷ '旅行'이요. / '旅游'요.

교사 ▷ ③번에서 '~할 생각이다'를 중국어로 뭐라고 하죠?

학생 ▷ '打算'이요. / '想'이요.

❸ 학생들이 다 썼으면 남학생들이 묻는 역할을, 여학생들이 대답하는 역할을 하여 묻고 대답하도록 한 뒤 역할을 바꾸어 한 번 더 말해 보도록 한다.

■ 做一做 2

❶ 문장 내용에 알맞은 스티커 붙이기

❷ 교사가 보기에 나오는 어휘를 읽으면 전체 학생들이 큰 소리로 따라 읽도록 하고 교사가

우리말로 뜻을 말하면 학생들이 중국어로 말하도록 한다.

> 교사 ▶ 밀크티 　　　학생 ▶ 奶茶
> 교사 ▶ 중국 책 　　　학생 ▶ 中国书

> 유의 · '饺子 jiǎozi'는 길쭉한 모양의 만두이고, 둥글게 생긴 고기만두는 '包子 bāozi'라는 것을 알려 준다. 우리가 말하는 '만두'는 중국어로 '馒头 mántou'이고 속에 아무 것도 넣지 않은 찐빵을 말한다는 것을 함께 설명해 준다.
> · '만리장성'을 중국 사람들은 보통 '长城 Chángchéng'으로 줄여서 말한다는 것을 알려 준다.

❸ 학생들이 각 문장의 마지막 단어(饺子, 奶茶, 万里长城, 中国书) 아래에 해당하는 한어병음을 적도록 한 뒤 내용에 맞는 스티커를 붙이도록 한다.

❹ 교사의 구령을 듣고 학생들이 큰 소리로 읽도록 한다.

> 교사 ▶ 准备, 开始!
> 학생 ▶ 我想去中国吃饺子。我想去中国喝……。

❺ 학생들은 교사가 말하는 문장을 듣고 책의 내용과 맞으면 '对', 틀리면 '不对'라고 대답한다.

> 교사 ▶ 我想去美国喝奶茶。
> 학생 ▶ 不对。
> 교사 ▶ 我想去中国吃包子。
> 학생 ▶ 不对。
> 교사 ▶ 我想去中国买中国书。
> 학생 ▶ 对。
> 교사 ▶ 我想去中国看长城。
> 학생 ▶ 对。

■ 做一做 3

❶ 친구들이 가고 싶어하는 곳 알아보기

> 교사 ▶ 자기 왼쪽, 오른쪽, 앞, 뒤에 앉은 네 명의 친구들과 함께 각자 가고 싶은 중국의 도시를 중국어로 서로 묻고 대답해 볼까요?
> 학생1 ▶ ○○, 你想去(中国的)哪个地方?
> 학생2 ▶ 我想去上海。你呢?
> 학생1 ▶ 我想去北京。△△, 你想去(中国的)哪个地方?
> 학생3 ▶ 我想去西安。
> ……

> 유의 대답할 때 꼭 중국어로만 대답하도록 하고, 그렇지 못할 경우 다른 친구들에게 다시 물어 보도록 유도한다.

❷ 각각의 도시 그림 아래에 그 도시에 가고 싶어하는 친구들의 이름을 적는다.

> 유의 중국어로 적을 수 있으면 좋지만 어려울 경우에는 그 친구에게 물어서 한어병음으로 적도록 하고, 교사가 돌아다니며 확인한다.

❸ 다 적은 뒤 교사가 몇 명의 학생들에게 묻고 발표하도록 한다.

교사 ▷ 谁想去西安呢?

학생1 ▷ □□和△△想去西安。

교사 ▷ 谁想去上海呢?

학생2 ▷ ○○和◇◇想去上海。

정리

■ 과제 제시

- 오늘 배운 문장 세 번씩 읽기
- 자기가 가고 싶은 곳과 하고 싶은 일을 '我想去~做(또는 다른 동사)~'로 짧은 글짓기(造句) 세 개 해 오기

■ 다음 시간 학습 내용 알려 주기

- 중국어로 다른 나라 이름 짓는 방법 이해하기
- 중국 학교 문화(전학)를 알아보고, 노래 '地名歌'를 부른다.

■ 교사의 다음 시간 준비

- 인터넷 포털 사이트의 사전 미리 살피기(학생들이 의외의 나라 이름을 중국어로 물어볼 때를 대비)
- 여러 나라 국기 사진이나 그림

▶ 준비물 – 상자(가로×세로×높이 : 30cm×30cm×30cm) 두 개
- 때를 나타내는 단어카드 : 暑假, 寒假, 明年, 下个月
- 유명한 곳이나 중국과 관련된 단어카드(한어병음 포함) : 天安门, 紫禁城, 万里长城, 东方明珠, 兵马俑, 西湖, 迪斯尼乐园, 长白山, 布达拉宫, 少林寺, 中山陵, 奶茶, 饺子, 中国书, 太极拳

① 전체 학생을 두 모둠으로 나누고 카드를 뽑을 학생을 각 모둠에서 두 명씩 뽑아 앞으로 나오게 한다.

② 가위바위보를 하여 순서를 정한 뒤 먼저 한 모둠의 첫 번째 학생이 때를 나타내는 카드를 뽑고 그 단어를 큰 소리로 읽는다.

③ 두 번째 학생이 유명한 곳이나 중국 관련 단어카드를 뽑은 뒤 그 단어를 큰 소리로 읽는다.

④ 교사가 그 모둠의 전체 학생을 향해 '准备, 开始！'하고 말하면 모둠의 전체 학생들이 함께 큰 소리로 카드에 나온 내용과 거기에 어울리는 도시 이름과 동사를 넣어 '[때]＋我们打算去＋[도시]＋[동사]＋[유명한 곳이나 중국 관련 단어]' 식으로 문장을 만들어 말한다.

◉ '暑假'와 '万里长城' 카드를 뽑은 경우 : 暑假我们打算去北京看万里长城。

⑤ 문장을 잘 말한 경우 100점을 주고 다음 모둠으로 차례가 넘어간다. 만약 첫 번째 모둠이 잘 못한 경우 기회는 다음 모둠에게 주어지고, 그 모둠이 잘할 경우 그 모둠은 보너스 점수 50점을 받는다. 모든 문제가 끝나면 점수가 높은 모둠이 이기는 것으로 한다.

8
과

第八课　中国欢迎你

학습목표
⊙ 여러 나라 이름이 중국어로 어떻게 만들어졌는지 이해할 수 있다.
⊙ 노래를 통해 중국 여러 지역의 특색을 이해할 수 있다.

도입 ┄┄┄ ■ **동기 유발**

❶ 학생들에게 중국어로 나라 이름을 발표하게 한다.

　교사▷ 그동안 배운 여러 나라 이름 가운데 중국어로 말할 수 있는 것이 있으면 말해 볼까요?

　학생▷ 中国, 韩国, 美国, 日本, 英国……

❷ 학생들의 발표가 끝나면 교사가 나라 이름 몇 개를 한어병음으로 칠판에 써 주고 교사가 읽으면 학생들이 맞히도록 한다.

　교사▷ 马来西亚(Mǎláixīyà), 这是哪个国家呢?

　학생▷ 말레이시아요.

　교사▷ 埃及(Āijí 이집트), 这是哪个国家呢?

　학생▷ ???

　교사▷ 菲律宾(Fēilǜbīn), 这是哪个国家呢?

　학생▷ 필리핀이요.

　유의 • 나라 이름을 선택할 때 우리말로 잘 아는 나라 이름을 물어 봐야 학생들의 흥미를 높일 수 있다.
　　　 • 학생들이 대답을 못 할 경우, 그 나라의 국기 사진이나 그림을 보여 주며 힌트를 주어도 좋다.

❸ 여러 가지 방식으로 만들어진 나라 이름에 대해 배울 것임을 알리고 다음 활동에 들어간다.

　교사▷ 말레이시아, 이집트, 필리핀, 이 세 나라의 중국어 이름은 어떻게 만들었을까요?

　학생▷ 외국어 발음을 그대로 본뜬 것입니다.

　교사▷ 그럼 다른 방법으로 만든 나라 이름에는 무엇이 있는지 알아볼까요?

■ **학습 내용 확인하기**

● 여러 나라의 이름은 중국어로 어떻게 만들어졌는지 이해한다.

● 노래를 통해 중국 여러 지역의 특색을 이해한다.

■ **练一练**

❶ 교사가 나라 이름을 중국어로 읽으면 전체 학생들이 우리말로 어느 나라인지 말하도록 한다.

교사	中国		학생	중국
교사	韩国		학생	한국
교사	意大利		학생	이탈리아
교사	冰岛		학생	아이슬란드

……

❷ 나라 이름을 만드는 세 가지 방법을 설명한 뒤 따라 읽도록 한다.

> **유의** ・ 특히 세 번째 방법으로 만든 나라 이름은 설명이 필요하다.
> ・ '아이슬란드'의 경우 먼저 우리말로 '아이스(얼음)+란드(땅, 나라)'로 나누어 해석을 한 뒤 중국어로 '얼음(冰)+섬(岛)'가 됨을 설명한다.
> ・ '南非'의 경우 '남쪽에 있는(南)+아프리카(非洲)'로 이루어졌음을 설명한다.

❸ 교사가 우리말로 나라 이름을 말하면 전체 학생들이 중국어로 나라 이름을 크게 말하도록 한다.

교사	중국		학생	中国
교사	한국		학생	韩国
교사	이탈리아		학생	意大利
교사	아이슬란드		학생	冰岛

……

❹ 학생들이 관심을 가질 만한 나라 이름 몇 개를 더 알려 준다.

그리스	네덜란드	뉴질랜드	러시아	몽고
希腊	荷兰	新西兰	俄罗斯	蒙古
Xīlà	Hélán	Xīnxīlán	Éluósī	Ménggǔ
베트남	사우디아라비아	스위스	스페인	아르헨티나
越南	沙特阿拉伯	瑞士	西班牙	阿根廷
Yuènán	Shātèālābó	Ruìshì	Xībānyá	Āgēntíng
오스트레일리아	이란	인도	포르투갈	터키
澳大利亚	伊朗	印度	葡萄牙	土耳其
Àodàlìyà	Yīlǎng	Yìndù	Pútáoyá	Tǔ'ěrqí

> **유의** ・ 학생들이 한자를 어려워할 경우에는 한어병음만으로 나라 이름을 알려 주어도 괜찮다.
> ・ 더 많은 나라 이름이 필요할 경우에는 인터넷 포털사이트의 중국어 사전 검색창에 우리말로 나라 이름을 쳐서 찾아 볼 수도 있다.
> ・ 그리스의 중국어 이름은 그리스 사람들이 자기 나라를 '헬라[Hellas]'라고 부르는 발음을 그대로 본뜬 것이다.
> ・ 네덜란드의 중국어 이름은 네덜란드 사람들이 자기 나라를 '홀랜드[Holland]'라고 부르는 발음을

그대로 본뜬 것이다.
- 뉴질랜드의 중국어 이름은 앞부분의 영어 'new'의 뜻[新]과 뒷부분 'Zealand'의 발음[西兰]을 합하여 만든 것이다.
- 베트남의 중국어 이름은 옛날 중국의 '월(越)나라'의 남쪽 지역이라는 뜻의 '越南'이라는 말을 그대로 쓴 것이다. 국제적으로 사용하는 '베트남[Vietnam]'이라는 나라 이름은 사실 '越南'이라는 한자를 베트남어로 발음한 것이다.

■ 看一看

❶ 학생들이 큰 소리로 읽도록 한다.

❷ 관련된 자료나 사진을 보충해서 보여 주면서 부가적인 설명과 함께 학생들의 이해를 돕도록 한다.
(www.baidu.com에 들어가서 '农民工子女学校(이주 노동자 자녀 학교)' 또는 '农民工子女学校教育(이주 노동자 자녀 학교 교육)'를 검색어로 쳐서 나오는 자료 이용)

■ 唱一唱

❶ 중국 여러 지역의 특색을 상상하며 CD로 '地名歌' 노래를 들어 본다. (CD-54)

❷ 노랫말을 보고 교사가 묻고 학생들이 대답하도록 한다.

교사 ─ 세상에서 가장 경치가 좋은 곳은 어디라고 했나요?
학생 ─ 桂林입니다.
교사 ─ 하늘나라와 서로 아름다움을 겨룰 만큼 아름다운 곳은 어디라고 했나요?
학생 ─ 杭州의 西湖입니다.

❸ CD의 단어를 두 번 들려 주고 정확하게 발음할 수 있도록 한다. (CD-55)

❹ CD를 일시정지 기능을 이용하여 한 소절씩 따라 부르도록 하고, 학생들을 남·여 두 모둠으로 나누어 남학생들이 홀수 줄을, 여학생들이 짝수 줄을 하도록 하고 역할을 바꾸어 다시 한다. (CD-54)

정리

■ 과제 제시

● 본문 네 문장 외우기
● 워크북 8과 풀이해 오기

▶ 준비물 : 주사위 놀이판, 주사위

놀이판 (칸 번호 · 내용)

- 20 Rìběn
- 21 나폴레옹
- 22 ☺
- 23 天安门
- 24 Yìdàlì
- 25 ☹
- 26 태국
- 27 (스위스 국기)
- 28 南大门
- 29 东京
- 19 Shātè ālābó
- 18 자유의 여신상
- 17 再来一次
- 16 ☹
- 15 (터키 국기)
- 14 兵马佣
- 13 休息
- 12 남아프리카 공화국
- 30 Bāxī
- 31 ☺
- 32 北京
- 33 休息
- 34 (미국 국기)
- 35 韩国
- 48 法国
- 49 休息
- 50 Ménggǔ
- 51 再来一次
- 52 上海
- 53 스페인
- 47 ☹
- 54 Éluósī
- 46 베트남
- 60 (중국 국기) 终点
- 55 ☺
- 45 Gǔbā
- 59 ☹
- 58 Pútáoyá
- 57 首尔
- 56 东方明珠
- 44 美国
- 43 ☺
- 42 Mòxīgē
- 41 新西兰
- 40 (캐나다 국기)
- 39 坐飞机去法国
- 38 Zhìlì
- 37 ☹
- 36 再来一次
- 11 ☺
- 10 Àodàlìyà
- 9 ☹
- 8 万里长城
- 7 아이슬란드
- 6 Yīlǎng
- 5 德国
- 4 (영국 국기)
- 3 에펠탑
- 2 Yìndù
- 1 Āgēntíng

← 出发

① 전체 학생을 세 명씩 한 모둠으로 만들고 두 모둠에 하나의 주사위 놀이판과 주사위를 나누어 준다.

② 가위바위보(剪刀石头布)로 순서를 정한 뒤 시작한다.

③ 말이 옮겨간 자리의 규칙에 따라 나라 이름을 정확하게 말하면 해당 점수를 받는다.

④ 놀이가 모두 끝난 뒤 점수가 높은 모둠이 이기는 것으로 한다.

놀이 규칙

(1) 나라의 특징이나 도시를 나타내는 단어를 보고 그 나라 이름을 중국어로 말하기(40점)

8, 14, 23, 32, 56	3, 21	18	28, 57	29
中国	法国	美国	韩国	日本

(2) 나라의 국기를 보고 그 나라 이름을 중국어로 말하기(50점)

4	15	27	34	40	60
英国	土耳其	瑞士	美国	加拿大	中国

(3) 한어병음을 보고 그 나라 이름을 우리말로 말하기(30점)

1	2	6	10	19	20	24
아르헨티나	인도	이란	오스트레일리아	사우디아라비아	일본	이탈리아

30	38	42	45	50	54	58
브라질	칠레	멕시코	쿠바	몽고	러시아	포르투갈

(4) 한자를 보고 그 나라 이름을 우리말로 말하기(30점)

5	35	41	44	48
독일	한국	뉴질랜드	미국	프랑스

(5) 우리말 나라 이름을 보고 중국어로 말하기(50점)

7	12	26	46	53
冰岛	南非	泰国	越南	西班牙

(6) ☺ 보너스! 奖金(jiǎngjīn) (20점) : 11, 22, 31, 43, 55

(7) ☹ 꽝! 倒霉(dǎoméi) : 9, 16, 25, 37, 47, 59

(8) ♨ 한 번 쉬기 休息(xiūxi) : 13, 33, 49

(9) ⊡ 한 번 더 던지기 再来一次(zài lái yí cì) : 17, 36, 51

(10) 화살표대로 가기 : 39 ("坐飞机去法国"를 중국어로 읽을 수 있으면 48번으로 갈 수 있고, 48번 문제까지 풀면 거기에 해당하는 점수를 받음)

(11) 먼저 끝나서 들어오면 100점이다.

유의
- 난이도를 낮추려면 우리말로 문제가 주어진 것을 제외하고는 대답을 우리말로 하도록 할 수도 있다.
- 학생들이 중국어로 익숙한 나라 이름(한국, 중국, 일본, 미국, 영국, 프랑스, 독일 등)을 제외하고는 우리말로 나라 이름을 대답하도록 할 수도 있다.

─〈快乐学汉语 3 기말평가〉─

(제5과~제8과)

___학년 ___반 이름 : _______________

◎ 응시 요령

1. 시험시간은 모두 30분입니다.

2. 문제지에 알맞은 답이나 한자를 쓰도록 합니다.

3. 듣기평가는 두 번 듣고 시험지에 답을 쓰도록 합니다.

4. 쓰기 평가는 반드시 간자체로 적도록 합니다.

영역	매우 잘함(5)	잘함(4)	보통(3)	노력(2-0)
듣기				
말하기				
읽기				
쓰기				

※ 중간평가, 기말평가지는 www.jplus114.com 자료실에서 다운받으실 수 있습니다.

듣기

1. 선생님께서 들려 주시는 말을 잘 듣고 내가 오전에 배운 과목을 고르세요.

① 체육   ② 미술
③ 음악   ④ 국어
⑤ 중국어

2. 선생님께서 들려 주시는 말을 잘 듣고 나의 취미를 고르세요.

① 춤추기   ② 스키 타기
③ 요리하기   ④ 그림 그리기
⑤ 피아노 치기

3. 선생님께서 들려 주시는 말을 잘 듣고 우리들이 지금 하고 있는 것을 고르세요.

① 바둑   ② 술래잡기
③ 블록 쌓기   ④ 고무줄 뛰기
⑤ 대나무 넘기

4. 선생님께서 들려 주시는 말을 잘 듣고 내가 가고 싶은 곳을 고르세요.

① 베이징   ② 시안
③ 상하이   ④ 서울
⑤ 하얼빈

5. 선생님께서 들려 주시는 말을 잘 듣고 아빠가 지금 하고 있는 것을 고르세요.

① 요리   ② 독서
③ 운동   ④ 인터넷
⑤ 집안 청소

말하기

6. 빈칸에 공통으로 들어갈 말로 알맞은 것을 고르세요.

> A : 你画___怎么样？
> B : 我画___很好。

① 也   ② 才
③ 都   ④ 就
⑤ 得

7. 빈칸에 공통으로 들어갈 말로 알맞은 것을 고르세요.

> A : 你___上网吗？
> B : 是，我___上网聊天儿。

① 是   ② 有
③ 在   ④ 就
⑤ 没

8. 빈칸에 들어갈 말로 알맞은 것을 고르세요.

> 北京________您！
> (베이징에 온 것을 환영합니다!)

① 欢迎   ② 休息
③ 介绍   ④ 合格
⑤ 健康

9. 빈칸에 공통으로 들어갈 양사를 고르세요.

> A : 今天你上了几___课？
> B : 我上了五___课。

① 本   ② 件
③ 位   ④ 节
⑤ 辆

10. 다음 대화에서 B가 좋아하는 과목을 고르세요.

> A : Nǐ xǐhuan shénme kè?
> B : Wǒ xǐhuan kēxué kè.

① 국어   ② 과학
③ 수학   ④ 사회
⑤ 영어

11. 빈칸에 들어갈 발음이 포함된 단어를 고르세요.

> 门 ＿＿＿én

① 爷爷   ② 爸爸
③ 姐姐   ④ 奶奶
⑤ 妈妈

12. 두 그림이 공통으로 나타내는 단어를 고르세요.

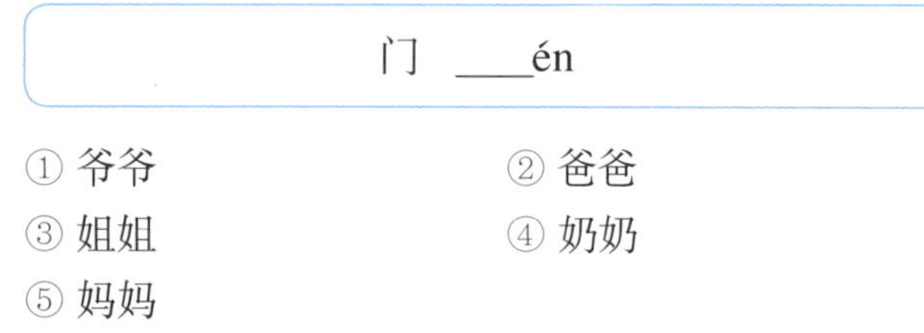

① kāi   ② pǎo
③ zǒu   ④ guān
⑤ tiào

13. 밑줄 친 부분을 중국어로 바르게 읽은 것을 고르세요.

> 今年十二月来了12个中国学生。

① yīèr   ② sìèr
③ shíèr   ④ shí'èr
⑤ yīshí'èr

14. 병음자모를 조합하여 만들 수 있는 단어를 고르세요.

g	u	ǒ

① 새   ② 소
③ 개   ④ 코끼리
⑤ 고양이

15. 다음 두 단어에 공통으로 들어 있는 발음을 고르세요.

> 邮局   游泳

① yī   ② yóu
③ jú   ④ yōng
⑤ jūn

16. 밑줄 친 부분의 한자를 우리말로 옮기세요.

> 我玩儿了电脑游戏。

➡ ＿＿＿＿＿＿＿＿＿

※ 빈칸에 공통으로 들어갈 글자를 한자로 쓰세요. [17~18]

17.

> A : 欢迎＿＿＿来。(다음에 또 오세요.)
> B : 谢谢！有机会的话, 我一定＿＿＿来。
>   (고마워요! 기회가 생기면 꼭 다시 올게요.)
> A : ＿＿＿见。(또 봐요.)

➡

18.

> ＿＿＿电话   ＿＿＿篮球   ＿＿＿扑克牌
> (전화를 걸다)   (농구를 하다)   (포커를 치다)

➡

19. 밑줄 친 부분의 병음을 우리말로 쓰세요.

> A : Nǐ de àihào shì shénme?
> B : Wǒ de àihào shì Chàng gē.

➡ ＿＿＿＿＿＿＿＿＿

20. 밑줄 친 문장의 병음을 한자로 쓰세요.

> A : 你想去哪儿？
> B : Wǒ xiǎng qù Shànghǎi.

➡ ＿＿＿＿＿＿＿＿＿＿＿＿＿＿

快乐学汉语 3 중간평가 정답

번호	영역	문항	정답
1	듣기	祝你生日快乐!	5
2	듣기	长大你想当什么? 长大我想当医生。	4
3	듣기	苹果多少钱一斤? 五块一斤。	3
4	듣기	你喜欢什么运动? 我喜欢打篮球。	2
5	듣기	你爸爸在哪儿工作? 他在学校工作。	1
6	말하기	A: 생일 축하해! / B: 고마워!	1
7	말하기	요리하다: 做菜 zuòcài	3
8	말하기	물건의 가격을 묻는 말	2
9	말하기	'得'의 위치는 동사 뒤이다.	4
10	말하기	"정말 예쁘구나!"에서 알 수 있다.	5
11	읽기	두 번째 음절의 성조가 모두 경성이다.	5
12	읽기	공: 球 qiú	1
13	읽기	shèjìshī / chúshī / jiàoshī	3
14	읽기	kuàilè / kuàizi	4
15	읽기	dōngxi: 东西(물건)	2
16	쓰기	무슨, 무엇	什么
17	쓰기	画家 / 科学家	家
18	쓰기	学生 / 生日	生
19	쓰기	jiāyóu(힘을 내다, 파이팅)	加油
20	쓰기	좀 깎아 주세요.	便宜点儿好吗?

快乐学汉语 3 기말평가 정답

번호	영역	문항	정답
1	듣기	今天上午你上了什么课? 我上了中文课。	5
2	듣기	你的爱好是什么? 画画儿。	4
3	듣기	你们在做什么? 我们在玩儿积木游戏。	3
4	듣기	你想去哪儿? 我想去北京。	1
5	듣기	爸爸在做什么? 他在看书。	2
6	말하기	'得'의 쓰임: 정도를 나타냄	5
7	말하기	'在'의 쓰임: ~하고 있다(현재 진행)	3
8	말하기	환영하다: 欢迎 huānyíng	1
9	말하기	'节'의 쓰임: 수업 시간을 세는 양사	4
10	말하기	kēxué: 科学(과학)	2
11	읽기	mén / māma	5
12	읽기	달리다: 跑 pǎo	2
13	읽기	격음부호(')를 붙여야 한다.	4
14	읽기	gǒu: 狗(개)	3
15	읽기	邮局 yóujú / 游泳 yóuyǒng	2
16	쓰기	电脑游戏 diànnǎo yóuxì	컴퓨터 게임
17	쓰기	다시: 再 zài	再
18	쓰기	걸다, 치다	打
19	쓰기	唱歌 chàng gē	노래 부르기
20	쓰기	나는 상하이에 가고 싶어.	我想去上海。

1판1쇄 : 2010년 3월 20일

저자 : 권상기, 김명섭, 양승옥, 이현숙, 왕지에, 장디앤쩡
삽화 : 김세라
발행인 : 이기선
발행처 : 제이플러스
　　　　　서울시 마포구 망원2동 467-30번지
전화 : 영업부 02-332-8320 편집부 02-3142-2520
팩스 : 02-332-8321
홈페이지 : www.jplus114.com
등록번호 : 제10-1680호
등록일자 : 1998년 12월 9일
ISBN : 978-89-92215-93-0

편집 : 류재령
디자인 : 박은미
마케팅 : 김흥태

값 7,500원